中国名村志文化工程
Culture Project of Local Records of China's Famous Villages

王兰庄村志

LOCAL RECORDS OF WANGLANZHUANG

天津市西青区李七庄街王兰庄村志编纂委员会　编

方志出版社
Publishing House of Local Records

图书在版编目（CIP）数据

王兰庄村志 / 天津市西青区李七庄街王兰庄村志编纂委员会编．-- 北京：方志出版社，2017.12
（中国名村志丛书）
ISBN978-7-5144-2867-4

Ⅰ．①王…　Ⅱ．①天…　Ⅲ．①村史—西青区　Ⅳ．①K292.15

中国版本图书馆 CIP 数据核字（2017）第 315371 号

·中国名村志丛书·

王兰庄村志

编　　者：天津市西青区李七庄街王兰庄村志编纂委员会
责任编辑：顾　洁

出 版 人：冀祥德
出 版 者：方志出版社
地址　北京市朝阳区潘家园东里 9 号（国家方志馆 4 层）
邮编　100021
网址　http://www.fzph.org
发　　行：方志出版社图书经销中心
电话　（010）67110500
经　　销：各地新华书店
排　　版：北京纺印图文设计制作有限公司
印　　刷：北京中科印刷有限公司

开　　本：787 × 1092　1/16
印　　张：13.5
字　　数：305 千字
版　　次：2017 年 12 月第 1 版　2017 年 12 月第 1 次印刷

ISBN 978-7-5144-2867-4　定价：108.00 元

◉ 序一

连绵不断地编修地方志是中国独有的优秀文化传统，承担着赓续文明、传承文化的重任。保存至今的8000余种、10万余卷历代方志，蕴含着传统文化基因和海量文化信息，既是中华优秀传统文化的重要组成部分，又是传承、彰显中华优秀传统文化的重要载体。

在各种类型的地方志编纂中，村志编纂古已有之，但从未进入国家层面的地方志编纂序列。新中国成立以来，党中央、国务院高度重视包括村志编纂在内的地方志工作，出台了重要文件。中央领导发表了重要讲话、作出了重要批示。习近平总书记高度重视包括村志编纂在内的地方志工作。2004年10月，他在担任浙江省委书记时到江山市凤林镇白沙村考察，看到村民编纂的《白沙村志》，鼓励村民把村志继续编纂下去。2014年4月，刘延东副总理在与第五次全国地方志工作会议部分会议代表座谈时指出："要结合发展的新形势，加强对地方志包括部门志、行业志、专题志、乡镇村志编纂的业务指导和服务。"2015年8月，国务院办公厅印发的《全国地方志事业发展规划纲要（2015—2020年）》，正式将中国名村志文化工程列为主要任务之一。2017年5月，中共中央办公厅、国务院办公厅印发的《国家"十三五"时期文化发展改革规划纲要》指出："完成省、市、县三级地方志书出版工作。开展旧志整理和部分有条件的镇志、村志编纂。"可以说，村志编纂迎来了历史上的最好时期。

农业、农村、农民"三农"问题，是数千年来影响中国社会发展最核心的问题。中共中央高度重视"三农"工作，从2004年起，连续13年，每年的中央1号文件都聚焦"三农"。中共十九大报告更是提出"农业农村农民问题是关系国计民生的根本性问题，必须始终把解决好'三农'问题作为全党工作重中之重"，特别是提出了"乡村振兴战略"，这是中国共产党在中国特色社会主义进入新时代后，对农村发展问题所做出的准确把握和与时俱进的战略应对，是建设中国特色社会主义强国战略的重要组成部分。改革开放近40年来，在党中央、国务院高度重视社会主义新农村建设的新形势下，各地涌现出一大批历史文化名村、经济强村、新农村建设示范（试点）村、美丽乡村和特色村，成为先进生产力和先进文化的代表。客观记录中国农村全面建成小康社会的进程，向后人展示在中国共产党领导下农村千年未有的巨变，是地方志工作者肩负的光荣而重大的历史使命。编纂中国名村志丛书，是记载当代中国农村发展变革的重要途径。

文化寻根，寻的是其发展的源头和根基。村落是中国传统文化的根基所在。农村的生产生活方式、社会规范、宗族文化、宗教文化、民风习俗、传统节日、民间艺术等，无不镌刻着中国人独特的民族性格，这就是家国情怀、文脉绵延、精神归属。在快速城镇化进程的冲击和开发性破坏下，大量传统村落面临消亡的危机，村落蕴含的历史文化信息也流失殆尽，抢救性保护刻不容缓。编纂中国名村志丛书，是保存村落历史文化信息，抢救、保护村落文化最好的方式。

一方水土养一方人。家乡的山水草木、村间小巷、乡俗民情会在每个人心头留下深刻的烙印，这就是故土情结。而村落的形成与发展离不开人的活动。编纂中国名村志丛书，通过记述村落建筑、名门望族来追溯村落的历史；通过记述村落规模、布局、人口、物产等反映人口来源、宗族兴衰、生活习惯、文化背景、宗教信仰、经济发展等，体现环境与人相互影响、相互作用、相互发展的既矛盾又统一的关系；通过记述戏剧、音乐、舞蹈、美术、文学、手工技艺等文化形式，展示百姓在长期的生产生活实践中摸索和总结出的智慧结晶，强化人们沟通感情的纽带。编纂中国名村志丛书，是传承乡俗、诉说乡音、记住乡愁、纾解乡思，激活历史传统、唤起共同文化记忆、塑造共同心灵认同的重要文化工程。

中国名村志文化工程以践行文化自信、传承中华文脉、彰显时代发展为己任，以打造全国地方志系统的重要品牌为目标，在体裁运用、篇目设置、资料选择等方面进行大量的创新，突出“名”和“特”，拣选各个名村中最值得记述、最具有代表性的人、事、物，予以浓墨重彩的描画，从而形成系列的、高质量的、可读性强、雅俗共赏的地方志读本，让地方志紧接地气、贴近百姓，让地方志成果进入寻常百姓家，让人民群众共享地方志成果，让越来越多的人从地方志中感知传统、历史和记忆，成为传统村落和传统文化的守护者，成为中华优秀文化的传承者。

是为序。

中国社会科学院院长
中国地方志指导小组组长　王伟光
2017年11月

◉ 序二

习近平总书记指出："让居民望得见山，看得见水，记得住乡愁。"这句富有诗意的重要论述不仅唤醒了中国人城镇化建设过程中对于人和自然关系、人和历史关系的思考，同时也引发了学界对"乡愁"进一步进行文化意义解读的兴趣。从本质上看，乡愁是一种源自主体体验的情感，隐含了一种人们带着乡愁追寻自我生存与生命意义、追寻诗意栖居的精神家园的美学思辨。同时，这种追寻自我生存的主体逐渐转向大众群体，乡愁也由传统单一的"文化乡愁""爱国情怀"演变为对于"理想家园"的精神追求。

中国有近 60 万个村庄，约有 5000 个古村落，被住房城乡建设部和国家文物局界定的传统村落就有 1561 个。随着中国城镇化步伐的加快，乡村的版图日渐凋敝，大批农村青壮年劳动力走进城镇，融入了新的生活。然而，每逢传统佳节，那种挥之不去的离愁别绪挟裹着亿万农民工，又融入了返乡的滚滚洪流。这是乡愁的情愫牵动着他们，是故乡的山、故乡的水、故乡的老屋、故乡的小吃在牵动着他们，是故乡家家户户的楹联和口口相传的故事，以及只有在隆重的传统佳节才有的古老的民风习俗在牵动着他们。

文化可以体现一个民族、一个国家、一个社会的重量与体温，这是文化的力量之所在，而村落是传统中国的根脉所系，乡土社会是最能够体现中国传统文化特征的地方。梁漱溟曾指出："中国文化是以乡村为本，以乡村为重，所以中国文化的根就是乡村。"我曾在《建设社会主义新农村的理论与实践》一书中指出，在新农村建设的过程中，必须"保护和发展有地方和民族特色的优秀传统文化，创新农村文化生活的载体和手段，满足农民群众多层次、多方面的精神文化需求"，而编纂村志尤其是实施中国名村志文化工程就是一个重要举措。实施中国名村志文化工程，编纂中国名村志丛书，以最基层的村落为研究对象，寻根传统村落的历史，梳理村落的发展脉络，以唤起人们的归属感和认同感，探索新型城镇化和社会主义新农村建设过程中，如何留住乡音、乡风、乡思，继承传统文化精华，挖掘丰富历史智慧，是贯彻落实中央城镇化工作会议精神和中共十九大提出的“乡村振兴战略”的重要举措，是当前和今后一个时期全国地方志工作者的重要工作。

虽然村落文化正在日益远离当下生活，但我们可以抓住诸如基本村情、文物胜迹、古村保护、特色文化、旅游名胜、村域经济、风土民情、村民生活、新农村建设、艺文杂记、名人与名村等关键内容，通过志书的手法来诠释乡村文化的精华。我们如实记录着村落里的人和事，以及青山绿水、小河大树、袅袅炊烟，力争以最完整、最原真的方式呈现村落的前世今生。我们要为“迷失”的人留住乡村文化的根脉，让人们难以割舍的乡愁得以慰藉和释放。

中国名村志文化工程将触角伸向那些极具代表性的村落，它们有的历史悠久、名人辈出，有的经济腾飞、重获新生，有的风景秀丽、景观独特，有的地处边陲、神秘莫测……我们挖掘中国不同类型村落的发展之路，为探索新型城镇化和社会主义新农村建设的发展经验、发展模式、前进道路提供历史智慧和现实借鉴。因此，打造以重在表现乡村嬗变为主旨的中国名村志丛书十分必要和迫切，这是一项功在当代、利在千秋的文化工程。

近年来，随着中国经济社会的发展和国际地位的提高，越来越多的人想要认识中国、了解中国、研究中国。在这样的形势下，乡村是不可或缺的一环，我们要集中讲好发生在乡村的故事，向世界呈现一个多元的、立体的中国。乡村历经岁月变迁的风雨，见证着改革开放的步伐，寄托着数代中国人的情感。发生在乡村的故事无疑是血肉丰满的、震撼人心的、引起共鸣的。我们应该有这个自信能够讲好乡村故事，讲好中国故事，描绘出中国的底色，“让每一个中国人都能在地方志中找到自己的位置”。

可喜的是，越来越多的有识之士认识到了这一点，加入到保护、传承、发展村落文化的队伍中来。仅就编纂中国名村志丛书来看，第一批的申报范围就涵盖包括香港特别行政区在内的 32 个地区，申报数量高达 70 余部。“直笔著信史，彰善引风气，为当代提供资政辅治之参考，为后世留下堪存堪鉴之记述”，这是我们的初心和使命。希望中国名村志文化工程的实施，能够带动更多的人关注中国乡村文化，为社会主义文化强国建设作出更大的贡献。也希望越来越多的名村都来融入继承中华文化传统、颂扬中华传统文化的活动中，让正能量更多地润泽温暖人们的心灵，让更多的人“记得住乡愁”！

是为序。

中国社会科学院副院长

中国地方志指导小组常务副组长　李培林

2017 年 11 月

◉ 中国名村志文化工程专家委员会

◉ 中国名村志文化工程学术委员会

◉ 天津市西青区李七庄街王兰庄村志编纂委员会

主　　编　郭宝印

主　　笔　张殿成

编辑人员　刘文安　田凤岐　兰　涛　张　境　范海红

照片提供　王和平　李德良　李　欣　孙美月　村摄录室

村民居住别墅

◉ 中国名村志丛书凡例

一、以马克思列宁主义、毛泽东思想、邓小平理论、“三个代表”重要思想、科学发展观、习近平新时代中国特色社会主义思想为指导，坚持辩证唯物主义和历史唯物主义的立场、观点和方法，存真求实，全面、客观、系统记述我国村落发展变化进程和改革开放成果，传承和抢救乡土历史文化，激发爱国爱乡情怀，为探索中国特色新型城镇化建设、社会主义新农村建设的发展经验、发展模式、前进道路提供历史智慧和现实借鉴。

二、为全面反映入志事物发展脉络，各志上限尽量追溯至事物发端；下限一般断至各村志启动编修年份，个别重大事项可延至搁笔。

三、记述地域范围以下限年份的行政辖区为主。为体现名村在更大区域内的意义，可以从更开阔的区域视野记述与该村相关的内容。

四、统一采用纲目体，设类目、分目、条目三个层次。横排门类，纵述史实。除《中国名村志丛书基本篇目》要求的必设类目外，其余类目根据各村实际，依照突出时代特色、地方特色的原则自行安排。

五、综合运用述、记、志、传、图、表、录等各种体裁，以志体为主。

六、除引用文字和附录文献资料外，统一使用规范汉字及现代语体文记述体。记事坚持秉笔直书、述而不作，只记事实，不作评论，寓观点于材料之中。行文力求朴实、严谨、简洁、流畅、优美，具有较强可读性。

七、人物部类遵循“生不立传”原则，人物传主按生年排序，只选录对本村发展有重大影响的人物，不面面俱到。

八、所需数据一般采用政府统计部门数据，无政府统计部门数据时选用主管部门正式提供的数据。

九、数字用法、标点符号、计量单位分别执行国家标准《出版物上数字用法》（GB/T15835—2011）、《标点符号用法》（GB/T15834—2011）、《国际单位制及其应用》（GB3100—1993）和《有关量、单位、符号的一般原则》（GB3101—1993）。历史上使用的计量单位，如斗、石、里、尺、磅、华氏度等，在引文时可照录。考虑到社会使用习惯，全书中亩不统一换算，1 公顷＝ 15 亩。

十、自中华民国成立后的纪年，均使用公元纪年。志中所称“解放前（后）”，以当地解放日为界；“新中国成立前（后）”，以中华人民共和国成立日 1949 年 10 月 1 日为界；“改革开放前（后）”，以中共十一届三中全会召开的 1978 年 12 月为界。本志“×× 年代”，凡未加世纪者，均指 20 世纪的年代。

十一、为节省篇幅，避免重复，本志采用条目互见法。参见条目的表示形式为：参见本志“×× 类目 · ×× 分目 · ×× 条目”。

十二、对旧志、古籍中的繁体字、冷僻字一般用简化字或通用字替换，易引起误解的则保留。

十三、记述各个历史时期的党派、机构、职务、地名等，均以当时的名称为准。对频繁使用的名称，首次用全称，其后用简称。

十四、各村志需要单独说明的事项，均在各自编纂始末中记述。

王兰庄村在中国的位置

乌鲁木齐
新疆维吾尔自治区
西藏自治区
拉萨
青海省
西宁
甘肃省
兰州
宁夏回族自治区
银川
内蒙古自治区
呼和浩特
黑龙江省
哈尔滨
吉林省
长春
辽宁省
沈阳
北京
北京市
天津
天津市
西青区
王兰庄村
河北省
石家庄
山西省
太原
陕西省
西安
山东省
济南
河南省
郑州
江苏省
南京
安徽省
合肥
上海
上海市
浙江省
杭州
湖北省
武汉
重庆市
重庆
四川省
成都
湖南省
长沙
江西省
南昌
福建省
福州
贵州省
贵阳
云南省
昆明
广西壮族自治区
南宁
广东省
广州
香港
澳门
海南省
海口
海南岛
台湾省
台北
台湾岛
钓鱼岛
赤尾屿
东沙群岛
西沙群岛
永兴岛
中沙群岛
黄岩岛
南沙群岛
曾母暗沙
渤海
黄海
东海
南海
黄河
长江
图例
北京 首都
天津 省级行政中心
未定 国界
省、自治区、直辖市界
特别行政区界
名村所在县级区域
名村
1∶32 000 000
审图号：GS（2017）3697 号

王兰庄村在天津市的位置

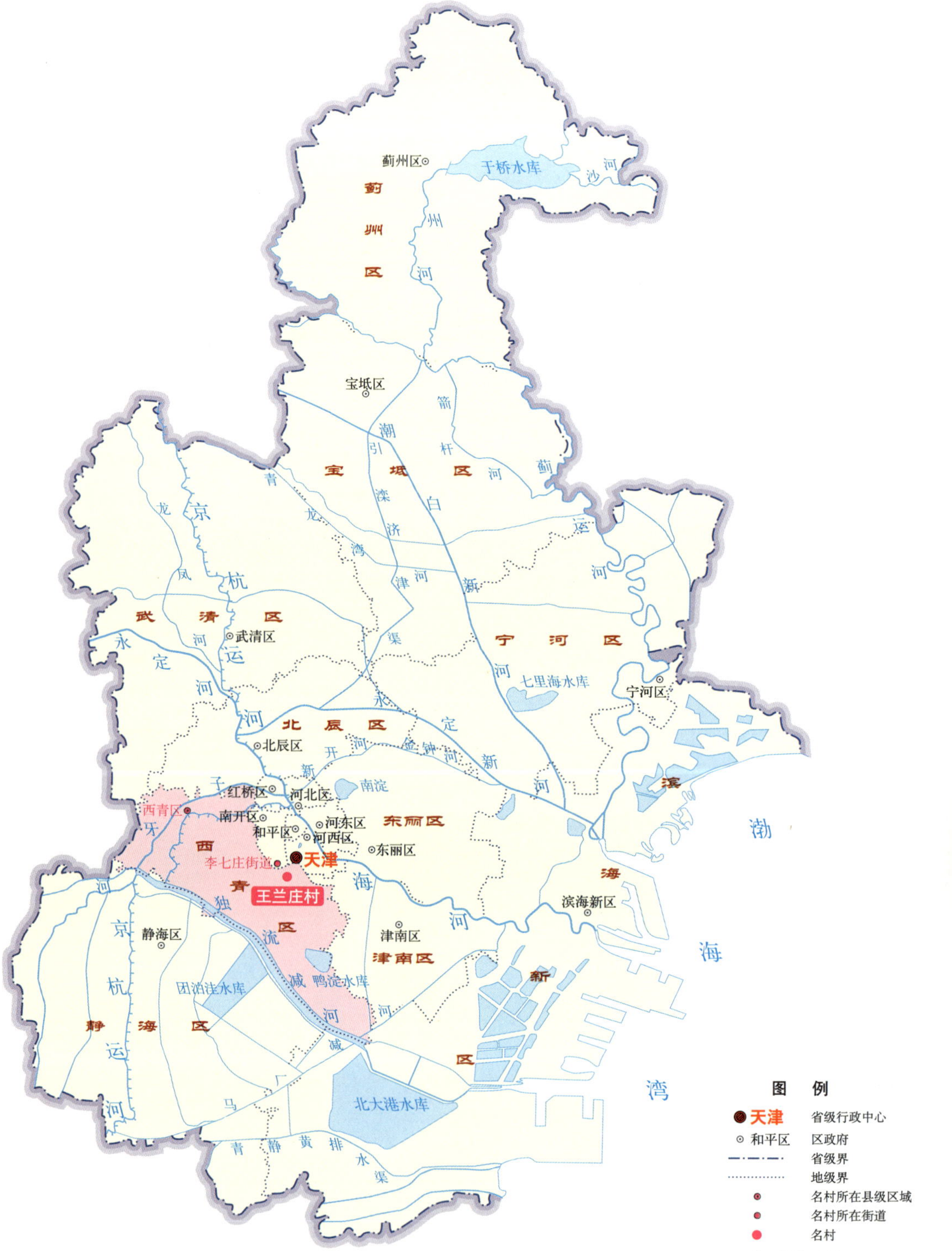

1：980 000

审图号：GS（2017）3697 号

王兰庄村平面示意图

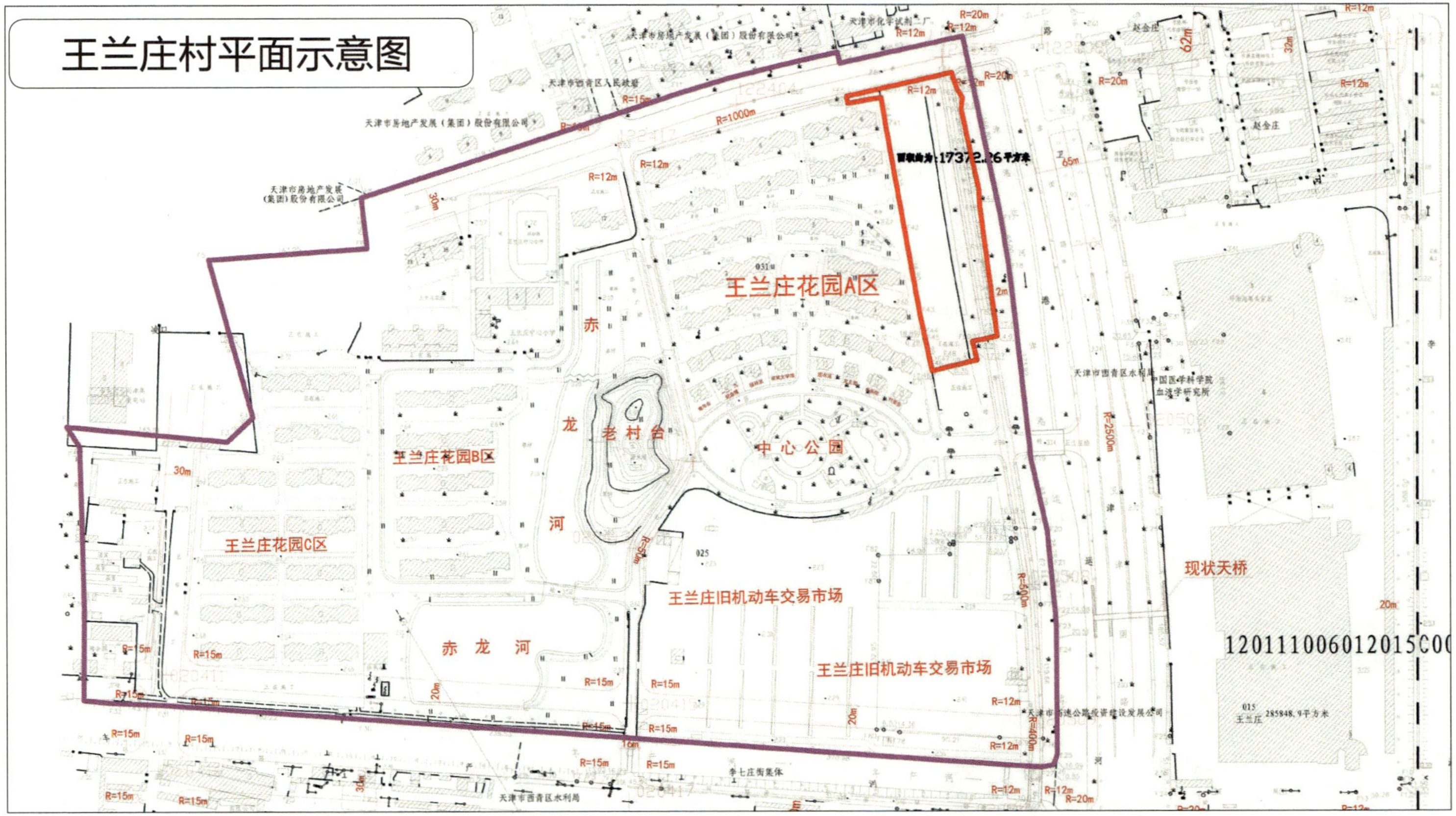

王兰庄花园A区
王兰庄花园B区
王兰庄花园C区
中心公园
老村台
赤龙河
赤
龙
河
王兰庄旧机动车交易市场
王兰庄旧机动车交易市场
现状天桥
1201110060120l5C00
赵金庄
天津市西青区人民政府
天津市房地产发展（集团）股份有限公司
天津市西青区水利局
李七庄街集体
R=1000m
R=2500m
R=500m
R=400m
30m
20m

王兰庄花园一角

花园街景

花园喷泉

花园大门夜景

◉ 目录

1 在改革中腾飞的王兰庄村

2 **美丽花园　宜居村庄**

2 改造过程

3 王兰庄花园

4 **转型第三产业　实现城市化经济跨越**

5 **铭记初心　用“一二·九”精神激励后世**

6 **文化筑平台　书香满园中**

7 **富足生活　和谐社会**

9 基本村情

10 **区域位置**

10 地理位置

10 交通区位

11 **建置沿革**

11 村庄由来

11 隶属变化

13 **自然环境**

13 地质地貌

14 气候特征

16 水文

16 河流

21 **自然资源**

21 地热

21 土地

22 植物

23 **人口**

23 人口总量

23 流动人口
23 构成
25 **发展概况**
25 发展结构变化
25 集体经济发展
25 组织建设
26 文化建设
27 村民生活

29 天津“一二·九”抗日救亡运动与王兰庄

30 **抗战学运义教点**
30 背景
31 义教
32 成果
33 尾声
37 **天津南部“第一个农村党支部”诞生**
37 在义教中诞生
37 带领群众抗日救亡
38 **修建天津“一二·九”抗日救亡运动纪念碑、纪念馆**
40 附 1：纪念碑碑文
41 附 2：在王兰庄流传的抗日义教歌曲

47 村域经济

48 **由传统经济向现代都市化经济跨越**
49 种植养殖
49 粮食生产
50 蔬菜生产
51 养殖业
52 果木林业
53 **工业企业**
53 村办企业概况
55 主要行业
60 **第三产业**
60 副业
60 加工业
61 建筑业
61 水上船运
61 劳务输出
62 商业
62 运输业

63 津兰集团

64 **拉动集体经济的强大引擎**
64 **发展概况**
64 初创实业开发公司
66 成立综合企业集团
67 全面向第三产业转型
68 向现代城市化经济跨越
69 **集团效益**
73 **主要行业**
74 房地产
75 制药业
76 附：天津达仁堂京万红药业有限公司
77 金融投资
77 租赁服务

79 重大工程项目

80 **家电商城**
80 **津兰国际商贸中心**
82 **津兰集团大厦**
82 **津兰商贸街**
83 **玉岱兰亭商务中心**

85 美丽乡村建设

86 **基础设施**
86 村街道路
87 附：客运站
88 供电　照明
88 给水　排水
89 供气　供暖
89 **王兰庄花园建设**
90 一期工程
91 二期工程
91 三期工程
92 动迁新居
94 **精神文明建设**
94 “文明城区”创建
97 精神文明建设
99 文明新风范例

101 乡村政事

102 **党支部建设**
103 **党务工作**

103 党建工作
104 换届选举
105 党员联系群众工作
105 **群众组织及其他组织**
105 集团工会
105 共青团组织
106 农会
106 妇女代表大会
107 **村政组织**
107 村政委员会
107 生产大队
107 村委会
108 村民小组
108 监督组织
108 红白理事会
109 **民主法治建设**
109 选举
109 决策
110 制度建设
111 综合治理
111 监督
112 村务公开
113 附：村务公开电子触摸屏
113 村规民约

115 村民生活

116 **婚姻家庭**
116 家庭
116 婚姻
117 赡养
117 **收入支出**
117 收入
118 支出
119 **衣食住行**
119 衣
121 食
121 住
122 行
123 旅游
125 **社会保障**
126 养老保险
126 医疗保险
127 退休补助
127 学生补助
127 其他补助
130 福利安置

133 **村域文化**

134 **文化设施**
135 王兰庄小学
136 梁斌文学馆
136 王兰庄图书馆
140 红领巾书吧
140 青少年活动中心
140 流动青年宫服务基地
141 津兰文化活动中心
141 **文娱团队**
141 评剧团
141 秧歌花会
141 舞龙　舞狮　威风大鼓队
142 **文化活动**
142 王兰庄“金秋之夜”联欢会
142 职工书屋
143 国学班
143 开设红领巾书画班
144 美丽王兰庄百姓生活摄影大赛
144 书画家献艺
144 街区文艺大舞台演出
145 “欢乐王兰庄　情浓意更浓”文化展演
145 现代舞专场演出
145 艺术家参与村文化建设

147 **风土民情**

148 **风味小吃**
148 捻捻转儿
148 贴饽饽熬小鱼
149 轧饸饹
149 发糕
150 金裹银饼
150 疙瘩汤
150 附：疙瘩汤的来源
151 菜团子
151 **婚俗**
151 传统婚俗
151 新式婚俗
152 **丧葬**
152 传统丧葬
153 新式丧葬
154 **方言谣谚**
154 方言
155 民谣
155 谚语

157 歇后语

159 艺文杂记

160 **诗歌剧本**
160 歌谣新诗
163 **传说 故事**
163 赤龙河的故事
163 饮龙潭的传说
163 津南支队抗战故事

167 人物

168 **人物传**
168 刘振奎
170 **名人与名村**
170 薛明关心义教遗址建设
170 郭宝印获全国第五届“十大杰出青年”称号
171 梁斌纪念馆落成

173 大事纪略

174 **明洪武年间（1368—1398）依河傍水立村庄**
174 **1958—1985 年生产队情况**
174 **1983 年为老年村民生活上“双保险”**
175 **1989 年首创国内碱性桃红精 6GDN 新产品**
175 **1995 年津兰集团成为全国性企业集团**
176 **1999 年开始修建王兰庄花园**
176 **2007 年始建津兰国际商贸中心**
177 **2014 年始建津兰国际商贸大厦**
177 **2015 年关爱英雄子女成长**

179 附录

180 **王兰庄村（居）民守则**

184 主要参考文献

185 编纂始末

在改革中腾飞的王兰庄村

在天津市区中南部，有一座花园式的美丽村庄，以独特的欧洲乡村建筑风貌和旖旎的风光驰名于津门，这就是西青区李七庄街王兰庄村。

王兰庄背倚都市，原本是一个寻常的城郊村落，津兰集团的成立和发展，成为拉动集体经济大发展的强力引擎。王兰庄相继获得国家“文明生态村”“优秀小康村”“市级文明村”“市级文明生态村”“市级明星小康村”“天津市美丽乡村”“天津市美丽宜居村庄”等称号，成为天津新农村建设的典范。

◉ 美丽花园　宜居村庄

20 世纪 80 年代前，王兰庄与周围村庄一样，房屋低矮老旧，街道布局不合理，基础设施落后。90 年代初，村中开始整修干路，铺设柏油路，修建水泥路，硬化全部路面；修通覆盖全村的供电、给水、供气、供暖和照明线路，村民生活条件得到改善。周边村庄进行平房改造之时，王兰庄村不急于跟进，而是要“一步到位”——建设一个几十年不落伍的社会主义新农村。王兰庄在西青区政府和李七庄街道办的推动下，被列为全市新农村建设试点单位，在各相关部门的帮助指导下，按照市政府主导制定的《王兰庄村旧村改造规划方案》，开始进行平房改造工程。

改造过程　村庄的改造经过三个阶段。前期尝试性改造的楼房，成为村庄平房改造的范例，为“一期工程”。1999 年年底，完成村北平房拆迁。2000 年年初，王兰庄花园“二期工程”开工，对村南平房进行拆迁，于年底前完成主体建设。2005 年，“三期工程”启动，完成村西项目地勘探、设计、打桩及小区绿化工程。2006 年，完成多栋住宅楼建设，进行住宅区绿化环境和中心体育场设施建设。2007 年，完成最后一批住宅楼主体建造和装修

夏季的王兰庄

工程，对规划区内高压线路进行拆除。2008 年，总投资 9500 万元的三期工程全部竣工。对中心公园进行改造，对楼房进行粉刷。2009 年，进一步完善小区环境建设，完成路、气、水输入工程和有线电视、网络安装工程。2010 年，高层底商房、地下车库建设竣工。2011 年，对小区公园、河道亭水台进行绿化改造。至此，平房改造和环境提升工程全部结束。

王兰庄花园　新建成的村庄被命名为王兰庄花园。花园呈等腰梯形，总面积 26.5 万平方米，住房面积 18.9 万平方米，全村 720 户、2216 人全部居住在内。花园造型别致，具有当代欧洲乡村风貌，“居地是花园，进村见广场，高台出水榭”，“步步有景、四季有绿、三季有花”，富有江南水乡的韵味。2012 年，在“天津市美丽乡村”评选中，王兰庄花园以总分第一获“天津市美丽乡村”称号。2016 年，又被评为“天津市美丽宜居村庄”、国家 AA 级旅游景区。

◉ 转型第三产业　实现城市化经济跨越

天津市津兰集团公司（以下简称津兰集团）是王兰庄经济发展的平台。前身为1984年成立的“津兰实业开发公司”。开发公司成立的当年，建立起最早以“津兰”为名的村轧钢厂，其后相继有拔丝厂、化工厂、电器厂和仓库等成为津兰名下企业。1989年，公司更名为“天津市西郊区津兰企业有限总公司”，有下属企业10个。1993年，再更名为“天津市津兰企业总公司”，有下属公司7个、企业42家。是年，市政府批准组建“天津市津兰集团公司”。天津市津兰集团公司属于村集体企业，注册资金6800万元，总资产26.8亿元。1995年，入选农业部“全国乡镇企业集团”。2009年，被第六届PECC国际贸易投资暨国际生态城市建设博览会组委会评为“中国城市开发杰出贡献企业”。

集团最初经营领域涉及制药、化工、运输等行业。成为总公司后，具有统领全部村办企业的职能。经营范围扩展到钢及有色金属压延加工、钢丝制造等多个行业，同时经营公司成员企业自产产品及相关技术的出口。二十世纪八九十年代，集团下属企业创

花园住宅楼群

造多个质量好、信誉高的名优品牌，其中一些产品获得天津市级和部级优秀产品证书。这些企业给王兰庄村带来可观的经济收入。

进入21世纪，津兰集团抢抓先机，果断调整产业结构，关闭污染大、科技含量低的化工企业，转型为第三产业。涉及化工、冶金、电缆线材、中西制药、金融投资、房地产开发等领域，引领天津西南部现代物流、专业市场商贸群，构成多元化产业结构模式。2016年，津兰集团拥有津兰国际商贸中心有限公司等合资、独资企业10余家，参股企业5家，总资产60亿元。王兰庄成为闻名遐迩的商业地产开发地和商品集散地。

◉ 铭记初心　用“一二·九”精神激励后世

王兰庄是1935年“一二·九”抗日救亡运动后，天津学生运动的主要义务教育点。在中国共产党的领导下，天津市各大学和中学的学生以王兰庄等郊区村庄为对象和阵地，开展义务教育，进行抗日救亡运动宣传，发展党组织。作为主要义务教育点，王兰庄在抗日救亡运动中，产生出多名共产党员，组建天津市南部第一个农村党支部。在义务教育中，进步学生也在斗争中成长，不少人后来成为党和国家高级干部。

为纪念那场轰轰烈烈的抗日救亡运动，激励后人，在当年义务教育学生的倡议下，中共天津市委、市政府于1985年在王兰庄修建“天津学生抗日救亡义务教育点陈列馆”，在当年演出抗日救亡运动戏剧的土台子上设立纪念碑。后陈列馆更名为“天津学生抗日救亡义务教育点纪念馆”，被认定为天津市青少年爱国主义教育基地。2003年，王兰庄专门建造了一幢三层的别墅，作为“一二·九”抗日救亡运动纪念馆，经市文物局批准更名为“天津‘一二·九’抗日救亡运动纪念馆”。新馆建筑面积400平方米，是一座砖混结构的厅堂，展室内陈列照片、图表，以及有文物价值的报刊资料、实物、老同志的回忆文章和部分音像资料。

2003 年，纪念馆建成的 12 月 9 日，来自京津冀等地机关、学校和军队的白发老人与莘莘学子聚集在馆前，隆重纪念“一二·九”抗日救亡运动 68 周年。后每逢“一二·九”纪念日和建党、新中国成立日、青年节和儿童节等重要节日，前去参观者络绎不绝。一些单位党团组织、各大院校组织学生在馆内进行研讨，上党课、团课，进行入党、入团宣誓。至 2016 年，参观群众超过 15 万人次。

该馆是全国唯一的“一二·九”抗日救亡运动纪念馆，已成为天津市 AA 级红色爱国主义教育基地。

◉ 文化筑平台　书香满园中

在美丽村庄居住的王兰庄人深知：富裕后，与其给儿孙留下万贯家产，不如留下更加宝贵的精神财富，培养他们好的品质，使之有不断开拓进取的创业精神和成事能力，

村图书馆

才能使王兰庄花园之花常开不谢。而达到这一目的，除了自身做好榜样外，让他们读书则是最好的途径。于是，深思远虑的王兰庄人将目光投向祖祖辈辈缺少的文化建设上，建造一座大的图书馆，用阅读、书香来提高和熏养后代的素质、品位和才能。在党支部领导班子看来，这才是村庄长久发展的根本大计。

2005 年，村里决定把一幢建筑面积 360 平方米的单体别墅改建成村民图书馆，投资 30 万元购置书架、桌椅、电脑和图书，在市和区图书馆帮助下，进行布局排列，对管理人员进行培训。图书馆建成后，每年投入 3 万元购书经费，由天津图书馆进行业务指导，制订相关规则，配置新书，提供图书馆管理软件，配置 IC 卡借阅证，与市图书馆通借通还，初步实现自动化管理。2016 年，村民图书馆拥有藏书 3 万余册，为市属图书馆下设的全市最大、最先进的村级图书馆。图书馆每三个月更新图书 500 ~ 800 余册。

村图书馆建成后，长期对村民开放，设两名专职管理员，成为喜爱读书村民的好去处。村党支部一班人不仅带头读书，还先后开展“治家格言进万家”“我喜欢的一本书”“我的读书心得”“读书分享会”等活动，让书籍走进村民生活，培养他们的阅读习惯。

至 2016 年，村民累计借阅图书达 6.5 万人次，大大丰富了王兰庄人的业余文化生活，让世代与土地打交道的农民在浸满书香的园地中尽享文化食粮。

◉ 富足生活　和谐社会

集体经济发展后，村民的物质生活水平大幅提高。迁入王兰庄花园后，村民的生活环境优雅，收入稳定，享有保险、住房等项福利，文化生活丰富多彩，步入高生活质量和高幸福指数的新时代。

最早使村民得到基本生活保障的是实行退休补助制度。这项自 20 世纪 80 年代初的规定，虽早期数额低，但能为老年和无生产能力的人提供最基本的衣食保证。随着经济的发展，退休工资逐年提高。进入 21 世纪，未参加社保的退休老人每月可得到 1000 元以上退休金，保证退休老人能过上正常生活。2009 年起，为退休老人发放一次性补贴和一次性退休补助，退休金提升至每月 1706 元。花园三期建成后，为老人制订福利分房政策，免收物业费、发放取暖费。2016 年，增加旅游补助和春节补助。单这两项，每名老人一年就可得到 9000 元补助。

为保证村民不致因病返贫，王兰庄统一缴纳城乡居民医疗保险费用，实行重症大额医疗救助政策，大幅度提高救助比例。村民因病住院所产生的医疗费用，除医保统筹支付和区街大额救助外，村集体给予 90% 的补贴。

王兰庄还对接受文化和专业教育的学生和村民给予特别鼓励，除五年级以上学龄段学生逐级发放递增的助学补助外，村民主动参加各种专业学习并取得毕业证书的，为其报销全部学费。

2016 年，王兰庄固定补助有生活补助、退休人员旅游补助、春节补助、取暖补贴、免交物业费、计划生育补贴 6 项。村民按规定享有村医疗、教育、退休的补贴和社会统筹的各项福利待遇，其中退休老人每人每年享有福利 2.62 万元，其他村民人均享有各类补贴 1.68 万元。全村人再无生活和养老之忧，成为花园小区中闲适富足的新型居民。

基本村情

王兰庄于明朝洪武年间（1368—1388）依河傍水而建，规模越来越大，至清道光年间（1821—1850）发展到400人。1936年，成为抗日义务教育点远近闻名。由于当地为海积冲积平原，地势低洼，土地盐碱，农业生产落后，村民生活困苦。至20世纪60年代，村民以漕运、捕鱼为生。后随着蔬菜、粮食、渔业生产的发展，村民生活水平不断提高。改革开放后，历经劳务输出、运输、城郊型经济、建设现代化商贸业等多次转型升级，集体经济不断攀升。2016年，年销售收入2.65亿元，纯利润6267.5万元，人均收入2.7万元，集体固定资产总值65亿元，成为天津市经济总量和人均收入最高的村庄之一。村民居住的现代欧式乡村风格的王兰庄花园小区面积26.5万平方米，为天津市农村住宅的样板，曾以总分第一获“天津美丽乡村”称号。

赤龙河畔一枝兰，沧桑巨变六百年。
昔日卫南低洼地，今朝津门美花园。

◉ 区域位置

地理位置　王兰庄村地处天津市区中南部，东侧与天津梅江会展中心相邻，系天津市外环线以内的“城中村”。

中心地理坐标：北纬 38° 34′，东经 116° 42′。

卫津南路从村东由南向北贯穿全境，赤龙河穿村而过，津港运河、丰产河环绕村东与村南，西与天津中医药大学第一附属医院搭界，梅江道从村域北侧由东南向西北贯通，南侧与小倪庄村、高庄村接壤。

交通区位　20 世纪 60 年代前，村域内古运粮河、赤龙河及周边卫津河是重要的水上交通要道，水路运输繁忙，各种货船与商船首尾相接，繁盛一时。境内只有一条通往河北、山东及市区的主干——津盐公路（土路）。1965 年始，国家修建天津市区至山东省淄博的柏油路——津盐公路（后为津淄公路）。此后，随着陆路的发展和河流填塞，水路运输逐渐消失。

70 年代始，域内乡村公路及周边主干道路发展迅速。21 世纪，王兰庄村交通便捷，四通八达。毗邻北京首都、天津滨海两大国际机场及天津港；至北京首都国际机场 120 千米，车程 90 分钟左右；距天津站 8 千米，地铁 5

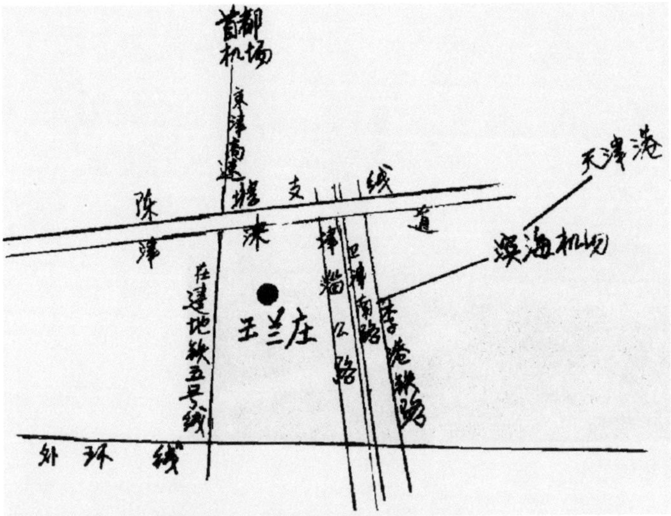

2016年王兰庄交通区位示意图

号线设有王兰庄站（在建），地铁15分钟即可到达；至天津港、滨海新区50千米；距滨海国际机场18千米，地铁50分钟即可到达；距离大学城仅15分钟车程，周边教育资源丰富。

2016年，村域内及周边高密度的立体交通网络，纵横交错，贯通全国各地。有外环线、津淄公路2条国家级干道；主干路有丽江道、淄环路，卫津南路、梅江道贯穿全境；沿街路有昌凌路、宝带路、淄环路等15条。王兰庄长途客运站设在域内温州国际商贸城内，有开往北京、河北、山东等地20多条线路。地铁5号线王兰庄站位于鑫通道与瑶环路交口南侧，车站主体呈南北走向，设于瑶环路下（在建）。

◉ 建置沿革

村庄由来 相传明洪武年间（1368—1398），一户王姓人家迁移至此，见水沛草美，便择高处定居下来。因其姓王，当地人遂称其所居处为“王来庄”。后由于音误，人们把“来”字读成“兰”，便习称为王兰庄。1984年，进行地名标准化处理，正式将村名定为“王兰庄”。

隶属变化 元朝末年，王兰庄村属河间府静海县。明永乐二年（1404），天津设卫，城西门、南门皆属静海县，王兰庄村仍属静海县。清雍正三年（1725），天津卫改州，

王兰庄村貌（1999年）

王兰庄村属天津县南路。雍正九年，升天津州为天津府，附廓天津县。天津府辖六县一州，王兰庄村仍属天津县南路。1933年，王兰庄村属天津县二区蔡台大乡管辖，乡下设保、保下设甲。1945年5月，建立津南县，王兰庄村属津南县七区。1945年10月，建立津沽县，原津南县七区划归津沽县一区。王兰庄村属津沽县一区。1946年1月，津沽县与津南县合并，称津南县，原津沽县一区复为津南县七区。王兰庄村属津南县七区。1947年2月，津南县建立津郊区，原津南县七区归属津郊区。王兰庄村属津郊区。1948年12月，撤销津南县，建立天津县，王兰庄村为天津县第五区管辖。1953年5月，撤销天津县，建立津西郊区，王兰庄村隶属津西郊区梨园头乡。1955年5月，津西郊区更名为天津市西郊区，王兰庄村隶属关系未变。1958年5月，梨园头乡并入辛院乡，王兰庄村随之隶属西郊区辛院乡。1958年8月，西郊区建立东风、红旗2个人民公社，王兰庄村隶属东风人民公社。同年9月，撤销郊区建制，王兰庄村随东风人民公社划归南开区管辖。1959年5月，东风人民公社更名为卫南人民公社，王兰庄村属卫南人民公社管辖。1960年10月，卫南人民公社划归和平区管辖，王兰庄村随之划属和平区。1962年2月，恢复西郊区建制，王兰庄村仍属卫南人民公社管辖。1963年1月，撤销卫南人民公社，成立辛院、李七庄、梨园头人民公社，王兰庄村划属梨园头人民公社。时实行人民公社、生产大队、生产队“三级所有，队为基础”的管理体制，王兰庄设生产大队管理委员会、生产队队委会。1969年7月，西郊区将15个人民公社合并为9个，王兰庄村划属李七庄人民公社。1983年6月，天津各人民公社改建为乡，王兰庄大队管委会改建为村民委员会（以下简称村委会），区划隶属未变。1992年3月，西郊区更名为西青区，王兰庄村属西青区李七庄乡管辖。1997 年 12 月，李七庄乡撤乡设街道办事处，王兰庄村归李七庄街道办事处管辖。至 2016 年，隶属关系未变。

◉ 自然环境

地质地貌

王兰庄村地势低洼平坦，海拔（黄海高程）一般在 2.5 米左右。

地层 根据地质、石油部门勘探资料记载，全新世初，村域内尚为海水控制。后因黄河、京杭大运河及支流冲积影响，渐成湖淀和沼泽环境。此后，湖淀沼泽渐次淤平，奠定今日平原基础。基岩地层有中上元古界和下古生界的石灰岩、白云岩构成。中生代和早第三纪时，为侵蚀、剥蚀环境，村境内地下大部分地区缺失中生界和下第三系始新统、渐新统、中新统地层。从晚第三纪起直到第四纪全新世，随大面积整体剧烈下降，堆积了厚达千米的上第三系和第四系的河湖相沉积物夹数层海相淤泥地层。

域内地层为第四纪近期松散沉积物所覆盖，土层深厚，以盐化潮土为主。

陆地形成 村域内陆地是在漫长的地质历史时期，经过多次海陆变迁逐渐形成的。距今约 15 万年时渤海形成，域内多次发生海侵与海退，末次大海侵发生在距今 8000 年。距今 5500 年，世界气候变冷，渤海西岸天津地区自西向东逐渐海退成陆，此后逐渐形成冲积平原地貌。距今 3300 年，境地全部成陆。在距今 2000 年的西汉时期，又遭海侵

花园翠绿映清湖

多年，其后复成陆，被先人陆续开发。

地貌 王兰庄村域系海积冲积平原，地势低洼平坦，地面海拔高度2.5米以下，村域轮廓呈多边形。第四纪地质时期，村域内曾历经多次海侵海退，现代的王兰庄地貌形态是全新世以来海退成陆过程中的产物。村域内处于中国地壳强烈下沉地区，以盐化潮土为主，为典型的平原地貌形态。

气候特征

王兰庄村介于大陆和海洋性气候过渡带，属暖温带半湿润大陆性气候。其特点是四节分明，冬、夏季长，春、秋季短，降雨集中。春季干旱，多西南风；夏季闷热多雨；秋季天高气爽；冬季寒冷干燥，少雪、多西北风。

春季 3—5月，随着太阳直射点北移，村域的太阳高度角逐渐增大，日照时间逐渐变长，气温回升，天气转暖，蒸发旺盛，空气干燥，多风少雨，易出现春旱。当北方冷空气势力较强时，常会造成“倒春寒”现象，对越冬作物返青和春播作物不利。

夏季 6—8月，为村域内一年四季中太阳高度角度最大、白昼时间最长、气温最高的季节。热带太平洋的东南季风送去高温、高湿的气流，形成明显的雨季，降水集中，时有洪涝、冰雹、连阴雨等灾害天气发生。

秋季 9—11月，暖湿气团势力减弱，冷空气开始活跃，气温下降，降雨明显减少。域内低空有蒙古—西伯利高气压侵袭，高空仍被北太平洋副热带高气压所笼罩，大气稳定，晴朗少云，寒暖适中，利于大秋作物和水果的成熟与收获。有时也有秋旱、冰雹、霜冻天气出现。

冬季 12—2月，在干冷的极地大陆气团控制下，以晴为主，雨雪稀少，加之太阳高度角最小，白昼时间最短，气温为全年各季的低值，河水结冰，大地封冻。

风 村域内冬季受西伯利亚和蒙古冷高压影响，多偏北风。夏季受西太平洋副热带高压影响，盛行西南风。春秋两季风向多变。1958—2012年，年平均风速2.5米/秒，最大风速达11.1米/秒，出现在3月9日。2014年，平均风速为1.8米/秒，最大风速达11.5米/秒，出现在5月27日。

气温 据西青区气象站1958—1995年观测统计，村域年平均气温为11.6℃。夏季气温最高，各月均温都在24℃以上；冬季气温最低，各月均温皆在−2℃以下；春秋季各月均温在4～24℃之间，寒暖适中。1—12月各月均温分别为：−4.9℃、−2.4℃、4.7℃、13.3℃、19.8℃、24.1℃、26℃、25℃、20℃、13.1℃、4.4℃、−2.4℃。村域气温在一年中高低悬殊，最热月均温出现在 7 月，达 26℃；最冷月均温出现在 1 月，为 −4.9℃。极端最高气温为 40.4℃，出现在 1972 年 6 月 10 日；极端最低气温为 −27.9℃，出现在 1966 年 2 月 22 日。历年及累年各月平均最高气温为 17.7℃，历年及累年各月平均气温为 −6.4℃。

霜期与无霜期 村域初霜日为 10 月 19 日，终霜日为翌年 4 月 18 日，霜期持续 181 天。无霜期有 184 天。长达 6 个月的无霜期可满足喜凉、温、暖作物的生长需要。

地温 自 11 月至翌年 1 月，地面温度低于气温，其余各月均高于气温。年平本均地面温度为 13.9℃，比年平均气温 11.6℃高 2.7℃。地面温度全年最热月为 7 月，为 30.1℃；最冷月为 1 月，为 −5.26℃。1—12 月，地面平均温度分别是 −5.6℃、−2.0℃、6.8℃、16.9℃、24.8℃、29.4℃、30.1℃、28.6℃、23.2℃、14.5℃、4.1℃、−3.4℃。

冻土期 村域土壤冻结一般始于 11 月 14 日，终于翌年 3 月 5 日，稳定冻土期为 111 天。最大冻结深度 56 厘米，出现在 1977 年 2 月，持续 3 天。10 厘米土层平均冻结日期 12 月 14 日，最晚 1 月 6 日；解冻日期平均在 3 月 6 日，最早 2 月 13 日，最晚 3 月 23 日；30 厘米土层冻结日期平均在 1 月 8 日，最早 12 月 21 日，最晚 2 月 4 日；解冻日期平均 2 月 28 日，最早 1 月 21 日，最晚 3 月 23 日。

降水 多年平均降水量为 566.4 毫米。1—12 月各月平均降水量是：3 毫米、5 毫米、8 毫米、21 毫米、31 毫米、69 毫米、189 毫米、158 毫米、44 毫米、20 毫米、10 毫米、4.3 毫米。村域内春季（3—5 月）降水量少，多为小到中雨。夏季（6—8 月）降水量多，且集中在 7 月下旬至 8 月上旬。秋季（9—11 月）平均降水量偏少。冬季（12—2 月）平均降水量也少，仅个别年份较多；1971 年 3 月 2 日，积雪深度为 22 厘米。历年最大降水量 1093.3 毫米，出现在 1977 年；最小降水量 270.4 毫米，出现在 1968 年。2014 年，降水量 384.7 毫米。

日照与太阳辐射 王兰庄属北方长日照地区。1958—1996 年，村域内年平均实际日照时数为 2749.3 小时，1—12 月平均日照时数分别为：196.2 小时、191.5 小时、235 小时、249.5 小时、292 小时、275.3 小时、232 小时、234.4 小时、246 小时、227.4 小时、188.4 小时、180.6 小时。其后，受大气环境污染影响，日照天数、小时数有所减少。2013 年，雾霾天气仍较多，日照时数为 2280 小时。2014 年，日照时数为 2216.4 小时。实际日照时数随季节变化而不同，一年中，以春季日照时数最多。春末夏初的 5 月、6 月达到鼎盛时期，月平均日照时数为 292.1 小时和 275.3 小时；进入 7 月、8 月，雨季来到，日照时数明显减少，分别下降为 232.1 小时和 234.4 小时；9 月又略有增加；12 月是全年最小值，为 180.6 小时。太阳辐射是域内地表获得光热能的主要源泉，因受气候条件的影响，全区实际得到的年总辐射量为 127.4 千卡 / 平方厘米 · 年。1—12 月，各月平均实际太阳辐射值为：6.4 千卡 / 平方厘米 · 月、7.4 千卡 / 平方厘米 · 月、11.6 千卡 / 平方厘米 · 月、13.4 千卡 / 平方厘米 · 月、16.5 千卡 / 平方厘米 · 月、15.4 千卡 / 平方厘米 · 月、12.6 千卡 / 平方厘米 · 月、11.3 千卡 / 平方厘米 · 月、11.3 千卡 / 平方厘米 · 月、9 千卡 / 平方厘米 · 月、6.2 千卡 / 平方厘米 · 月、5.8 千卡 / 平方厘米 · 月。太阳辐射因受昼夜长短、太阳高度角和云雨等季节变化的影响，有明显的季节差异，以 5 月、6 月最强，分别为 16.5 千卡 / 平方厘米 · 月和 15.4 千卡 / 平方厘米 · 月；以冬季 12 月份最弱，仅为 5.8 千卡 / 平方厘米 · 月。

水文 王兰庄村坐落在卫南洼，历史上多坑塘洼淀，水资源丰富。新中国成立初期，在地面挖井用扁担挂水桶即可取水。村域内地下水文地质属于海积冲积平原，发育了第四系松散岩类孔隙地下水和浅埋岩溶隙地下水，处在天津市西青区浅层淡水含水组、第 I 微承压含水组、第 V 承压含水组。浅层淡水含水组开采条件较差，单井涌水量为 15 吨 / 时至 20 吨 / 时，开采深度 10 ～ 15 米。第 I 微承压含水组底界埋深 70 ～ 140 米，全部为咸水，矿化度 3 克 / 升至 5 克 / 升。第 V 承压含水组底界埋深 470~510 米之间，由 4~10 层河流相细砂及细中砂组成，砂层累计厚度在 30~40 米之间，层次多，有富集带。境内地下水分为松散地层孔隙水和基岩地层岩溶裂隙水，主要来源于境内大气降水补给，其次是河渠渗透水。储存形式主要为第四系砂层孔隙水。域内第四系浅层（浅井井深小于 50 米）、深层（深井井深 150 ～ 683 米）均限定允许开采量。20 世纪末，由于村域农用土地均被城市扩张吞噬，王兰庄村逐渐融入都市中，村域内生活及企业用水均来源于市政供水系统。

河流

古运粮河 系南运河支流，于元、明两代开凿而成。据考古学家推断，运粮河早在宋、元年间就已存在。它于静海良王庄与南运河分流，一支向东进入西郊（西青），一路缓流，经境内边村、杨楼至王兰庄，另一支经纪庄子向北入卫津河。其干流则往南经大倪庄、梨园头转向东后往南进入南郊（津南）入海河。历史的运粮河宽窄不一，蜿蜒曲折，随高就低，很像自然河。据考证，境内村庄大都沿河而建，依河生活。运粮河西连南运河，北入卫津河，并与天津的中心相连，南与赤龙河相接，辗转东南，

终汇于海河。因此，境内大部分村庄以渔业、苇业为生，船运发达。1949 年后，南运河水源不足，运粮河日渐干涸，部分河段已成死水，或只微见河道踪影。1990 年，仅存一段百米故道。

津港运河 位于村东。该河为沟通天津市与大港区水上运输而疏浚，故名。1950 年开挖，1960 年竣工，1978 年拓宽。河道北起河西区纪庄子西侧卫津河，经西青区东南部，南至大港区万家码头村西入马厂减河。长35.5千米，上口宽30 ~ 35米，底宽12米，最大流量 20 立方米 / 秒。因水源不足，水运功能未能实现，成为人工季节河，主要用于农田灌溉和汛期排涝。河上建有外环线公路桥、李港铁路桥等。

丰产河 位于村南。是排灌两用的人工河。因对两岸农田起旱涝保收作用，故名。西起杨柳青镇前桑园村南运河右岸，向东至王兰庄村与卫津河相汇。1950 年开挖，1955 年竣工，1971 年改道。长 14 千米，上口宽 25 ～ 30 米，底宽 7 米，流量 10 立方米 / 秒。

卫津河 为二级河道。开挖于清光绪十六年（1890）夏至光绪十七年春。为保卫天津城区免受水患，故名。1949 年后曾多次疏浚拓宽和改造。北起海光寺，向南流经和平区、南开区、河西区、西青区，东折于津南区北赵庄附近入海河。域内由李七庄泵站至北里八口，长 10 千米。全长 22.6 千米，上口宽 28 ～ 33 米，下口宽 8 米，过水流量 8 立方米 / 秒。历史上除储存天津城区沥水外，还具有卫南洼农田灌溉及城郊蔬菜、水产品入市的水陆交通等功能，曾是城郊通往天津卫的一条重要航道，渔船、菜船等大队槽载货穿梭，十分繁忙。随着城区的扩大，上游段以排水为主，下游段用于蓄水灌溉。最大蓄水量 93.3 万立方米，灌溉农田 5 万亩。20 世纪 80 年代末，卫津河逐渐变成臭水沟。21 世纪初，市政府对该河进行改造，沿线河段建成都市文化、都市生活、都市风采等数个景观区，成为天津旅游的重要景观之一。

赤龙河 赤龙河位于王兰庄村中部，系海河在天津南部的最大支流。赤龙河是穿越王兰庄的一条古老河道，村庄依河而立，村民多赖此河进行船运。名称由来有四：其一是根据河道形状命名，河道蜿蜒曲折，形如蛟龙；其二是根据河水颜色命名，因上游与南运河相通，当向海河宣泄时，其颜色呈红泥色，因此而得名；其三是传说因很久以前河里出现过赤龙，故名；其四是传说一匹“赤龙马”疾驰后留下一道沟，形成河道，古人称之为赤龙河。

赤龙河源于天津城南的护城河，流经南门外大街西侧，可达天津南乡。赤龙河原为天然河道，清乾隆年间（1736—1795），在八里台等处开挖引河。光绪年间

（1875—1908），开挖卫津河的正河和支河，赤龙河与卫津河相互贯通。上游通天津南部6个区县，系天津南大洼通往海河的主泄洪道和民众水路运输生产、生活资料的主干航道，也是渔副业生产的主要场所和人们生活主要水源。沿岸一带村民称之为“母亲河”。

新中国成立后，河道历经月牙河、津南大洼排水河、南白排河、双巨排污河、洪泥河、上游排污河、卫津河等开挖穿插，被切割成若干段落，水流时连时断。1975年冬，西青区界内新赤龙河开挖完成，古赤龙河保留与丰产河相连的部分。2003年，村里投资260万元，砌修两岸护坡，栽种花草树木，昔日的赤龙河变成美丽清洁、风光无限的景观河道。

链接：赤龙河[①]

故乡村前有一条河，叫赤龙河。这条河很古老，像拴起卫南洼各个村庄的一根绸带，蜿蜿蜒蜒，曲曲折折，在卫南洼乃至津城南部盘旋。赤龙河水是曩年当地农民生活的唯一水源。冬季河水结成厚厚的冰，人们破冰取水或用冰化水以满足生活之需。每到夏季，人们都在河里游泳消暑，两面河坡布满了螃蟹窝，洗澡时就可以掏到河螃蟹，抓到青虾。乡人们有“生吃螃蟹活吃虾，掉到河里淹不杀”的说法，因此生吃蟹、虾便成了一代一代娃娃们的习惯。

钓螃蟹，也是沿河一带人们惯做的事情。夏秋之际，人们准备一米多长的小棍若干（木质、高粱秆等都行），一头栓上一尺长的细绳，系上饵料（熟玉米粒或蛤蟆腿），沿河边隔一米远插一根，拿一个短把小捞揆，来回查看，螃蟹吃食一般先用大爪夹饵料，拔起小棍儿感觉有重量（螃蟹正吃食），顺势提起，用小捞盔一捞，一个大螃蟹就逮着了。初冬河里的鱼卧在河底闭宿，想吃熬鱼，随时拿起胶皮叉用赶网或扒网，抽两袋烟的工夫，就能逮个一两斤。大个的掐破肚皮挤出苦胆，小个的洗洗，放些佐料再切点芥菜樱子，顺锅边贴上一溜玉米面饽饽，这一家子的一顿美餐就全齐了。

据前辈老人说，赤龙河是由明朝军队开挖的，专为朝廷运送粮食和物资。那

① 作者赵宝卿、陈子茹，原载《天津日报》2015年3月20日。

穿村而过的赤龙河

时陆路不通，发展水路，漕运。赤龙河还有个别称，叫“运粮河”。

赤龙河有多处流入海河的口子。赤龙河的北尽头经北运河或金钟河在三岔河口处，与海河相通，往南经海光寺、大营门，也流入海河，再往南流经八里台、纪庄子、凌庄子、杨楼、王兰庄、大倪庄、梨园头、门道口、大任庄、北里八口、前三合、南洋码头、咸水沽，再与海河相连。赤龙河自杨楼向西拐弯，过武台、辛院、蔡台、王台、邓店、于台、程村、边村、小南河，进静海与南运河相连。

赤龙河的各个河段的宽窄不同，宽处有30多米，水深3米左右，窄处也有十几米。梨园头村前的河面，两艘大对槽相对而行，各不相扰。到小站咸水沽南洋码头一带，竟达几十米宽，形成当时的漕运枢纽码头。对槽的承载量，每对对槽六个仓眼，船的头尾两个小仓眼，底部呈斜坡状，一般不装东西，中间四个大仓眼，装砖或土。一艘对槽能装红砖5000块至6000块，按一块红砖5市斤计算，它的总承载量为12吨至15吨。这内陆河的大吨位运输，与当时的陆路车载马拉的运输，不可比拟。

赤龙河养育了天津卫南洼乃至整个天津卫南部地区的一方百姓，是人们繁衍生息的源泉。赤龙河是当地农民生产和生活的唯一水源，是这方民众水路运输生产、生活资料的主干航道，也是渔副业生产的主要水面及场所。所以，卫南洼一带百姓称赤龙河为母亲河是当之无愧的。

据老人们回忆，早年，静海县大泊、小泊、团泊等地的运输船只，常年绕道大任庄入卫津河到达市内，如遇南洼沥涝有水年份，就可以经青凝侯村直接向北，过梨园头村南的坝口子，驶入赤龙河，再北上进市。由于水运的兴盛，沿赤龙河各村都有投资水路运输的人家。晚清到民国年间，梨园头村就有四户经营水路运输的。最早的要数王恩顺家，父子三人（其子王金铭、王金铃）除从事农业外，长年搞水路运输，是梨园头村一带有名的“王脚船”。对槽的运输多数是红砖、黏土等建筑材料，夏秋两季，有专运农产品的脚船。每到傍晚，各户把自己采摘的面香瓜、菜瓜、青菜等，装筐装篓，运到赤龙河边等待装船，次日一早发船，近中午到万德庄（南营门），各自上岸出售。还有“上卫”（那时卫南洼一带地势低洼，把去市内叫“上卫 ”，津西地势较高的地带，称去市里为“下卫”）的人乘船进市，走亲访友，购买工业品，也都靠坐船。每当早晨对槽开船去市内，对槽边走边喊：“脚船走喽！”有去市内的人，听到喊声出来上船。对槽的行进，主要靠人力拉纤，二人上岸拉纤，一人船上掌舵，岸边无路，撑篙前行。每天过午，这些乘脚船进市的人，办完各自的事情，又都陆续回到船上随船回家，他们要向船家交纳往返乘船的费用。

赤龙河是活水河流，上游与南运河相接，又多处连接海河，因此一年四季都有鱼虾可捉。应该说，捕鱼捉蟹是当地农民的副业，赤龙河水面的存在，使卫南洼的农民长年有打鱼摸虾的去处。事实上，当时有些农民已经把捕鱼作为自己的副业了。再加上天津市建筑业的发展，卫南洼一带兴起烧制红砖的砖窑，如王兰庄对面的“元兴”窑地，靠近张道口村的“唐家窑”，是这一带较早生产红砖的“转盘窑”。由于平地挖坑取土制砖，形成许多坑塘水面，自然生长的淡水鱼类十分丰富，使赤龙河沿岸各个村庄长年以渔业维生的专（兼）业户不断增加。他们有捕鱼的经验，许多人都是这一带有名的捕鱼能手。

◉ 自然资源

地热 王兰庄地热田于 1988 年探明，时为全国最大的中低温大型地热田。在地质构造上，地处太平洋板块和亚欧板块俯冲带西侧的沧县隆起上，具备形成地热田的良好条件。按形成机制，属于传导成因热水型地热田。按水文地质条件和水温，可分为浅村层低温孔隙热水、深层中温基岩岩溶裂隙热水两种类型。热储层分上下两层，上部为新生界第三系微胶结构散地层，下部为古生界寒武系、奥陶系灰岩、白云岩及中上元古界灰岩、白云质灰岩、白云岩地层，基岩顶板埋深 900 ~ 2000 米。沧东内断裂带和白塘口西断裂带为域内地热的热传导通道。第三系孔隙热水王兰庄地热田，热水存储存量 1.46 × 1010 立方米，热水天然可采量 1.73 × 109 立方米，地热储存量 2.02 × 1015 千卡，地热天然可采量 4.34 × 1013 千卡。基岩岩溶裂隙热水王兰庄地热田，热水储存量 6.29 × 109 立方米，热水天然可采量 6.9 × 108 立方米，地热储存量 8.29 × 1015 千卡，地热天然可采量 3.28 × 1013 千卡。基岩岩溶裂隙热水，王兰庄地热田顶板埋深为 1000 米，水温 70℃ ~ 88℃，为中高温热水。面积 1002 平方千米，水温最高为 88℃，地热总储量 9 万多亿千卡，年可采地热水 2400 万立方米，热量相当于标准煤 13 亿吨。域内地热资源丰富、潜力大，开发利用前景广阔。

土地 相传明朝洪武年间（1368—1398），燕王朱棣册封有功之臣，在津京地区跑马占地，王兰庄土地全部被“黄河道邢家”占有。二十世纪二三十年代至抗日战争胜利期间，日本侵略者在王兰庄掠夺耕地 1064 亩，设置 3 个农场。1954 年，村里有耕地 1048 亩。1985 年，村域内耕地 900 亩，其中苇地 80 亩，坑塘 200 亩，村庄占地 450 亩，企业占地 70 亩，村属土地 1700 亩。至 2016 年，村集体购置土地 6 宗 506 亩。

2016 年，村域有土地 13 宗：即 1 号地（原小市场地块)25.46 亩，东至凌庄子地界，西至卫津南路，南至绥江道，北起雅江道；2 号地（温州城）186.62 亩，东至星都路，西至卫津南路，北起赵金庄地界，南至宝通道；3 号地（电缆厂地块）95.54 亩，东至星都路，西至卫津南路，北起宝通道，南至华兰道；4 号地（原药厂）144.53 亩，北起华兰道，东至星都路，西至卫津南路，南至大任庄路；5 号地（二手车交易市场）116.62 亩，东至玉带路，西至宝带路，北至王兰庄花园；6 号地（高庄子北地块）144.91 亩，东至玉带路，西至小倪庄地界，南至高庄子地界，北至宝通道；7 号地（兰化，化工地

赤龙河荷塘

块）318.35 亩，东、南至原小倪庄地界，西至瑶环路，北至宝通道；8 号地（购买辛院地块）100 亩，东至王兰庄市场，西至外环线，南至辛院地界，北至宝通路；9 号地（石庄子地块儿）240 亩，东起渤海天翼园，西至芦北口住宅小区，南至芦北路，北至芦北口地界；10 号地（原试剂二厂）26.06 亩，东起玉带路，西至王兰庄花园，南至王兰庄地界，北至集美道；11 号地（王兰庄小区）397.33 亩，东起玉带路，西至昌凌路，南至淄环路，北至集美道；12 号地（陵园）20.7 亩，东起昌凌路，南至瑞佳路，北至凌口地界；13 号地（赵金庄工业园)9.36 亩，东起赵金庄工业园，西至卫津南路，南至 2 号地，北至绥江道。

植物　20 世纪 60 年代前，村域内地势低洼，适宜生长野生植物，以一年生和多年生草本植物为主，多数可作为禽畜饲料或中草药。坑塘、洼地、沟渠尤以芦苇、蒲草、水稗草为盛。70 年代后，随着土地和村域面积的减少，传统植物大为减少，甚至灭绝。村域曾广泛存在过的植物除粮食、豆类、油料、瓜果、花卉、树木和其他经济作物外，还有一些草本植物，主要有独针菜（俗称“芝麻盐”）、苜蓿、大麻子、野 菊、蒺藜（俗称“蒺藜狗子”）、苣菜（俗称“曲儿菜”）、苍子、马齿苋（俗称“长寿菜”）、秃喇叭花、喇喇蔓子、画眉草（俗称“星星草”）、鸡瓜子草、芦苇、蒲草、碱蓬（俗称“黄蓿”）、酸模（俗称“酸溜溜”）、马绊草、水绵（俗称“地皮”）、莎草（俗称“三棱草”）、马蔺（俗称“马莲”）、荭草（俗称“水蓬棵”）、眼子菜（俗称“水上瀑”）等。

◉ 人口

人口总量 清同治三年（1864），王兰庄有112户、397人。1934年，村内有67户、348人。1949年新中国成立时，有76户、435人。1953年，有96户、470人。1980年，有293户、1276人。1985年，有1347人、362户。1990年，有516户、1790人。1995年，有650户、1679人。2003年，620户、1766人。2016年，全村有720户、2216人。

流动人口 解放前，每逢灾年，村内都有很多人因穷困无着落到东北逃荒。多数村民灾患过后举家返乡，亦有部分家庭不复回返。新中国成立后，部分村民返回故乡，一些流徙在外的人口落居于当地。改革开放后，村庄由贫变富，外地人口增加。进入21世纪，由于村域地理位置和美丽宜居的环境，主动迁入王兰庄的人口越来越多，村中人口增幅加大。为此，村委会制定《王兰庄村户籍管理制度》，以保证村内人口的正常流动。2016年，迁入60人，迁出1人。

构成

民族 立村后，村内少有少数民族，以汉族人口为主。至2016年，全村汉族人数占全村总数99.95%，另有回族，占全村总人口的0.05%。

性别 1949年，男性占总人数的55.9%，女性占44.1%；1964年，男性占总人数的58.4%，女性占总人数的41.6%；1982年，男性占总人数的51.6%，女性占总人数的48.4%；1990年，男性占总人数的46.9%，女性占总人数的53.1%；1995年，男性占49.1%，女性占总人口的50.9%。据2003年对村内620户随机抽选的391个调查样本显示，村内男性占40.9%，女性占59.1%。2016年，女性人数1152人，男性人数1064人。总人口中，0～14岁人口465人；15～59岁人口1378人；60岁及以上人口373人。

文化 1964年全国第二次人口普查时，村内大学文化程度的占总人口的0.3%，高中文化程度的占1.7%，初中文化程度的占9.5%，小学文化程度的占50.9%，文盲、半文盲占23.8%。

1995年，村内大学文化程度的占总人口的0.3%，高中文化程度的占4.7%，初中文化程度的占 31.1%，小学文化程度的占 34.7%，文盲、半文盲占总人口的 22.7%。

2016 年，村内大专以上文化程度人口占总人口的 11.5%；中专文化程度人口占村内总人口的 26.8%；高中文化程度的占总人口的 23.6%；初中文化程度的占总人口的 13.9%；小学文化程度人口占总人口 10.9%；12 岁以上的文盲、半文盲人口占总人口的 3.6%。

就业 2003 年，村民全部脱离农民身份。其中，193 人在村内企业当工人，占总人口的 50%；村级干部和管理人员 50 人，占总人口的 12.9%；技术人员 20 人，占总人口的5.2%；另外有37个从未就业者，其中,33人为女性。2016年，在业人口1118人，其中，村办企业员工 508 人，占就业人口的 45.4%；商业、服务业从业人员 610 人，占在业人口的 54.6%。

姓氏 2016 年，村内姓氏有孙、李、郭、刘、张、王、史、马等 107 个。其中孙姓人数最多，有 318 人，占全村总人口总数的 14.4%；李姓 292 人，占总人口的 13.2%；郭姓 245 人，占总人口 11.1%；刘姓 229 人，占总人口 10.3%；张姓 160 人，占总人口 7.2%；王姓 91 人，占总人口的 4.2%；史姓 66 人，占总人口的 3%；马姓 54 人，占总人口的 2.4%。

50 人以下的姓氏有杨、许、程、高、冯、赵、翟、吕、陈、韩、吴、万、于、任、徐、林、武、梁、黄、周、崔、宋、秦、安、何、潘、唐、朱、毕、范、路、魏、郝、胡、陆、屈、杜、姜、芦、贾、邢、倪、丁、蔡、尚、石、鲍、汪、白、凌、牛、皮、衡、宗、宁、齐、霍、梅、金、揭、边、郑、黎、卢、纪、侯、陶、孟、赫、乔、邓、邵、董、田、谢、鲁、缪、付、尹、商、夏、贺、运、楫、扈、门、师、沈、苏、阎、柳、蒋、廉、彭、井、解、窦、肖、毛。

孙姓。相传祖籍在黄骅大赵庄或沧州望海寺。2016 年，孙氏后人赴黄骅大赵村寻访，约到沧州望海寺孙姓后人，果在其宗谱中查得一支人迁至王兰庄，证实孙姓确系祖籍望海寺，至今已二十一世。李姓。相传祖籍山西洪洞县，于明初燕王扫北时，两兄弟到此地落户。今已有二十余世。郭姓。祖籍山西洪洞县，清乾隆年间（1736—1795），山西人郭文焕携四子逃荒，其中一子落在王兰庄，为今王兰庄郭氏祖先，至今已九世。

◉ 发展概况

发展结构变化 历史上王兰庄经济以农耕和捕鱼为主，由于耕地数量少、生产力低下和捕鱼方式原始，农、鱼产量均很低，人们生活极为困苦。后随着天津城市建设，津南地带砖窑、冰窖兴盛，村民多在砖窑“挑土坑”，或靠河上以船只运输，或为冰窖“打冰拉冰”，或靠出卖劳动力为生，均收入微薄，生活仍然十分艰难。解放后，农民分得土地，村中相继出现互助合作组织。直到成立人民公社，生产力得到发展，粮食产量提高，工、副业和劳务收入比例增多，人们的生活困境得到缓解。

二十世纪六七十年代，村域经济虽仍以农业生产和劳动力输出为主，城郊型经济特点已越来越明显，后期出现越来越多的加工和生产型工业企业，主要为锻件加工、机件加工、制钉厚漆等技术简单、投资较小的项目，工业逐渐超越农业生产，成为集体经济主体，村民收入增加，生活水平得到提高，从新中国成立初期的追求温饱到小康水平。

改革开放后，以家庭联产承包责任制为主的多种经济形式相继产生，集体经济得到迅速发展。由于天津城市建设外延扩大，村域土地逐渐缩减，农业经济比重逐年减少，到 2014 年农业从体制和行业上消失。

集体经济发展 随着改革开放的深入，村办企业从 20 世纪 80 年代快速成长走向 90 年代规范发展的黄金时段。90 年代初，集体企业数量和产值出现高峰，轧钢、锻造、有色金属压延加工、钢丝制造、化工、印染等工业企业多达 22 个，另有商贸企业 12 个。津兰企业发展壮大为集团公司，被农业部批准为“国家级乡镇集团公司”。90 年代中后期，全村拥有包括化工、冶金等行业在内的工业企业 15 个，商业网点 5 个，成为村集体经济高效、快速发展的引擎。村第三产业也得到蓬勃发展，村民私营和招租入驻的外来三产私企逐年增多。2016 年，村域内有三产企业 1000 余个，年度总产值 97 亿元，上缴利税 7.93 亿元。成为集体经济的另一重要支柱。至 2016 年，集体资产总量达 60 亿元。王兰庄成为天津经济体量最大、人民生活水平最高的村庄之一。

村集体经济迅速发展，使村庄建设及各项事业发展驰入城市化、现代化大发展的快车道，王兰庄花园成为天津新农村建设的典范，多个重大项目建设为持久发展奠定坚实的基础。

组织建设 在经济快速发展的同时，王兰庄继承“天津市南部第一个农村党支部”所具有的光荣革命传统，高度重视政治建设和精神文明建设，利用天津“一二·九”抗日救亡运动纪念馆等阵地，教育党员群众继承发扬光荣传统，学习革命前辈爱国热情和献身精神，为村经济和各项事业建设贡献力量，把王兰庄建设得更好。

村两委会持续探索创新村民自治的途径和方法，不断强化领导班子建设，加强民主法治建设，坚持村里重大事务由村民代表大会决定，发挥党员、群众代表大会、村务监督委员会作用，真正让群众当家做主，形成上下全力，实现富裕繁荣，和谐发展。

党支部不断强化自身建设。开展“创先争优活动”，开展“学党章小组”活动，落实党内“三会一课”制度、党员目标管理、“三强”支部创建和换届调整“两推一选”等规定，实行党员目标管理。2016 年，带领党员开展“两学一做”学习教育活动，采取讲党课、制课件、主题展览等多种形式，使党员党性意识明显增强，干部作风进一步好转。党组织战斗力增强，真正起到战斗堡垒作用。先后有多名党员被评为街区先进，支部书记郭宝印被评为“全国优秀党务工作者”，党支部被评为区“红旗党组织”和市“红旗党组织标兵”。

村委会严格执行《中华人民共和国村民委员会组织法》（以下简称《组织法》），每三年进行一次换届选举。村务决策充分发扬民主，推行村民代表会议决策制度，重大事务均由村民代表参与。坚持以公开栏、召开会议等形式每半年公布一次财务和重要村情村务，严格执行村务公开制度。2014 年，建立村务公开电子智能查询系统，村内村务监督由物质建设领域向精神文化生活领域延伸。2016 年，逐步把发展党员、推选干部、创建文明户等事关基层政权建设和村级规划、文明创建、公益事业建设等有关事项，纳入村务监督范畴。成立村民服务中心，随时解答质疑，使基层政务真正成为“阳光政务”。

村团支部、妇女代表会、民兵等群众组织，在党支部和村委会领导下，发奋进取，为村经济和各项事业建设做出成绩。调解委员会和白事理事会在促进村民家庭、邻里和谐和节俭办理丧葬事务中，起到促进社会安定和形成节俭风气的重要作用。

文化建设 王兰庄虽地处天津近郊，但因古来经济落后，人们忙于生计，文化教育水平不高，贫苦村民一直渴望拥有文化，对中华传统文学艺术具有浓厚兴趣，喜爱说书唱戏等文娱，尤其对评剧情有独钟。解放前，偶有流动艺人到村演出，都会受到村民的热烈欢迎，一些村民也成为各种民间艺术的爱好者。解放后，建有村业余评剧团，配合土地改革和宣传婚姻法，编排演出小型戏剧和节目。

改革开放使村集体经济得到迅速发展，富裕后村民对文化的渴求愈发强烈。村两委会决心补上村庄“文化弱”这一短板，先后出资修建幼儿园、小学校等，为青少年成长创造硬件条件。在青少年活动中心、红领巾书画班、国学班举办各种有益于青少年成长的文化活动，促进青少年身心的健康成长。

为了提高村民的文化素质，丰富文化生活，村中修建多种文化设施，其中王兰庄图书馆和梁斌文学馆广泛受到村民的关注，成为村民读书和汲取精神力量的园地。全村经常开展读书活动，举办名家讲座、艺术品展览，聘请市内外文学艺术界人士参与村文化建设。还举办王兰庄“金秋之夜”联欢会、西青区春节晚会分会场现代舞专场演出、大型摄影展等活动，在社会上产生了一定影响。村里组建多个文娱体育队伍，其中村老年健身队成为文娱健身最为活跃的队伍，多次在各类比赛中获得好名次；村舞狮、舞龙和威风大鼓队的成立，为村民业余生活带事来更多喜庆。

村民生活 进入 21 世纪后，随着集体经济的壮大，村民生活发生巨大变化。2010 年，村民收入大幅增加，人均收入达 1.5 万元。2016 年，全村人均纯收入 2.7 万元，人均住房面积达到 70 平方米，收入来源从以原来家庭经营为主发展到村办企业工资收入、退休金及各种补贴、财产性收入、个体经济收入等多种收入，赶上甚至超过市民平均值。人均平均储蓄超过 5 万元。村民支出由生活必要型支出向消费型支出转变。搬进住宅楼后，主要支出为家具、电器和生活用品，其中大宗为男子结婚费用和小轿车进入家庭。2016 年，人均生活支出 1.5 万元，其中衣食住行支出人均 1 万元。全村轿车户均 1 辆。文化教育、休闲娱乐、艺术欣赏、度假旅游，以及享受服务性消费等精神文化消费占 30% 左右。年轻人在工作之余喜爱上网、读书、参加各种文体活动，追求高尚精神品位；中老年人健身娱乐，过去“日出而作，日落而息”生活方式早已经被多元化的精神文化生活所取代。

随着村集体经济的发展，村民享受的红利越来越多，普遍享有养老保险、医疗保险，各项保险和福利费用均由村集体支付；实施退休、学生补助和福利分房等惠民制度。2016 年，村中固定补助有生活费补助、退休人员旅游费补助、春节补助、取暖费补贴、免交物业费、计划生育补贴 6 项。

随着时代的进步和文明程度的提高，村内风俗发生较大变化，一些陈规陋俗多被摒弃，崇尚科学，节俭、向善、向上的良好风尚正在形成。

抚今追昔，王兰庄发生翻天覆地的变化。在改革开放的时代潮流中，王兰庄人以自己的智慧和勤奋，成为天津发展、村民生活的新农村典范。

赤龙河畔好风光

天津“一二·九”抗日救亡运动与王兰庄

王兰庄作为局部抗日战争时期中共天津地下党设立的义教专点，许多青年学生到此对农民进行义务教育和抗日宣传活动，培养进步青年，发展积极分子入党，建立农村党组织。义务教育使王兰庄成为天津南部第一个农村党支部，培养出天津农村最早的一批农民共产党员，对壮大革命力量进行抗日救国，起到重要作用。半个世纪后，贺龙元帅夫人薛明等当年义务教育学生重回王兰庄，倡议建立纪念性标志物，得到天津市委批准后，于王兰庄建立了国内第一个天津“一二·九”抗日救亡运动纪念馆和纪念碑广场，并成为天津著名的AA级红色旅游景区和青年学生爱国教育基地，十几年中累计有15万人到王兰庄学习参观，影响广及市内外。

◉ 抗战学运义教①点

背景 1935 年 12 月 9 日，北平学生在中共领导下举行抗日救国示威游行，要求“停止内战，一致对外”。“一·二九”抗日救亡运动爆发。消息传来，天津学生立即响应，于 12 月 18 日掀起抗日救亡运动。

在这民族存亡的紧急关头，刘少奇受党中央委托，以中共代表的身份从陕北到天津主持北方局工作，贯彻瓦窑堡会议精神，联合一切愿意抗日的党员群众实现抗日民族统一战线，迎接民族解放战争的高潮。

在刘少奇直接领导下，中共天津市委组织各阶层爱国群众，举行声势浩大的“五二八”抗日示威游行。国民党政府匆匆下令让学校提前放暑假，并指使学校开除进步学生，调动军警、特务包围南开中学等学校，到处搜捕学生运动的积极分子。反动派的镇压激起人民群众更大的反抗。

针对当时的情况，市委对暑假期间的学生抗日救亡工作及时作安排，要求巩固学校中的抗日救亡阵线，同时，要求学校和中华民族解放先锋队（以

---

① 义务宣传教育。

下简称民先队）利用暑假走向社会，到工农群众中深入开展抗日爱国宣传活动，引导广大青年学生继续沿着与群众相结合的道路前进。经市委指示，市学联于6月中旬召开各校代表会议，成立由各大学校代表参加的“暑期义务教育促进会”，决定利用工农义务教育这种公开合法的形式，结合文化教育进行抗日爱国宣传，进一步扩大抗日救亡阵线。这一号召，得到与会代表的热烈拥护，经过讨论，决定选择市郊的王兰庄、小园和姜井等村庄作为开展农村义务教育的活动地点，并作出具体分工。

义教　王兰庄义教点负责人为北洋大学（即今天津大学，下同）张多疆（又名丁仲文，时任中共北洋大学支部书记）。经常参加活动的有北洋大学刘讷、于奇、付景洪（付江）、孙景芳、王从善、林心贤、张沛（童锐）、曲珪田（曲介甫）、陈光德（陈志远）、徐瑞恩（徐达本）、黄沙、朱光天，法商学院的郝金贵，三八女中的徐克壮（徐克立）、刘岫珊（即田冀）、王爱真（薛明）等。

当时，参加义教学生都以极大的热情克服各种困难，投身于抗日救亡运动。他们四处募捐，筹措经费。刘岫珊拿出自己的积蓄支援义教。杨岩余说服父亲捐款25元，作为义教同学的生活费。学联派程人士等紧密结合形势编写新教材，在附近的书店印刷，

义教学生为村民授课、演出的土台原址

由中西女中民先队员杨钧、刘嘉臻等人装订成册，发到各个义教点。他们到农村办夜校，试教妇女儿童识字。开始村民不了解，他们只能教小孩子唱歌，大人在一旁看热闹。时间长了，参加学习的农民逐渐多起来，义教工作的局面打开了。义教学生结合村民身边的事例，讲述日本帝国主义侵略中国的罪行，唤起民众的抗日热情，许多农民学会唱《义勇军进行曲》《大路歌》《五月的鲜花》《打回老家去》《抗日打牙牌歌》等歌曲。每逢节假日，北洋大学、南开大学等校的学生，在民先队的带动下，经常自编自演抗日救亡短剧，演出观众有时达上百人，台上台下共同高呼抗日口号，气氛非常热烈。通过教识字、教唱歌，讲演和演剧，向广大农民宣传抗日救国大道理，提出“农民大众团结起来，保卫自己的田园”的号召，农民和学生朝夕相处，逐步加深了解，一些青年农民接受革命道理后，对日本帝国主义和封建主义的压迫剥削表示极大的愤慨，涌现出一批抗日积极分子。他们和学生一起，投入抗日救亡宣传活动。

成果 在短短暑假里义教工作获得显著效果，培养一批积极分子，为近郊农民运动的兴起创造良好的开端。天津学生到农村进行义教工作在社会上引起强烈反响，1936 年 8 月 30 日，上海《生活星期刊》（邹韬奋主编），第一卷第 13 号刊登天津学生暑期到王兰庄等农村进行义教活动的照片。

在参加义教活动中，学生们经受艰苦生活的考验。他们初次到农村，住的是小土屋，屋里到处是蚊子、跳蚤、老鼠，吃的是玉米面饽饽和咸菜，喝的是池子里的水。在艰苦的环境中，大家以“向红军艰苦奋斗，不怕牺牲的革命精神学习”来互相鼓励，顺利地闯过生活关。经与农民的接触，从农民中学到许多知识，亲眼看到农民的穷苦，饱受压迫剥削，思想感情发生了变化。在斗争中，进步学生都迫切地追求真理，如饥似渴地阅读革命书刊，有的第一次学习列宁的《远方来信》和《两个策略》，有的读到毛泽东《论反对日本帝国主义的策略》，有许多人看《大众哲学》《政治经济学讲话》，以及《萍踪寄语》《苏联闻见录》《从一个人看一个新世界》《铁流》等。党员中秘密传阅党刊《火线》。虽然当时身处白色恐怖中，学生仍每天坚持义教工作，持续了一年多。

中共党组织十分重视在抗日救亡积极分子中发展党员，壮大党组织。天津市委组织部部长李启华直接负责在学生中发展党员。地下党员张多疆、程人士、徐克壮等人均以民先队队员或普通学生的身份出现，他们经常与进步同学谈心，发现培养积极分子，如吕贤荼、陈光德、徐瑞恩等都是在义教活动中先后入党的。这些进步青年在王兰庄的土地上播撒下抗日的种子，王兰庄也成为这些青年学生投身革命的摇篮。

尾声 8 月底，市内各校陆续开课，同学们陆续离开王兰庄，但义教工作并没有结束。每逢假日，不少学生仍然到王兰庄，一如既往地投入义教和抗日宣传工作中。中共天津市委十分珍惜在王兰庄打下的基础，决定在暑假后把王兰庄的义教继续办下去，进一步推动农民运动的开展。党组织通过学联，以义教促进会的名义，相继选拔慕湘、陆平、余力步等人常住王兰庄。在村长和群众的支持下，王兰庄正式办起民校，大家推举慕湘为校长。为建校舍，慕湘起草一份募捐启事，征得学联同意，分发市内各校，很快募集大洋 300 元。全村男女老幼买来砖瓦、木料一齐动手，盖成 4 间有玻璃门窗的大瓦房，白天是小学，晚上是成人识字班，免费教学，还发放文具，王兰庄的农民有了自己的学校。一年后，日军在王兰庄设置据点，形势恶化，中共地下党组织难于开展工作，学校被迫停办。

如今，当年义教学生为村民授课的地方——土台子仍然保留着，并先后于此设立天津“一二·九”抗日救亡运动纪念碑和纪念碑广场。

链接：陈志远回忆录：1936 年王兰庄的一个片段

“一二·九”运动后，天津北洋大学成立了学生自治会，我是学生会的一个负责人。在这期间，我们还组织了平津学联，我也是负责人之一。因孙伟东冒充北洋大学学生自治会的代表和校长，我们惩罚了孙伟东，还组织了学生南下宣传。1936 年夏天，校方借我们外出实习的机会，发函将我们开除。被开除的有我、徐达本、林心贤、曲珪田等 5 个人。我从一个发电厂实习回到天津后，听同学们说王兰庄有人组织了一个农民学校，我马上就赶到了王兰庄。

我和林心贤一齐来到了王兰庄。在那里的学校，我认识了一些人，有法商学院的郝金贵，还有个姓壮的，还有汇文、中西女中的学生，但主要是北洋大学的。还有南开大学的，如李哲，但他们不常去，主要的是北洋大学的几个人，首先是丁仲文。王兰庄那里实际上是一个抗日的学习俱乐部，来去自如，能自己动手做饭吃，一个大炕，有黑板、桌子，可以看书，讨论问题。王兰庄有党的组织在工作，那时学生都很积极，从书里学习革命道理，共产主义、马克思主义吸引人。大家主要是学习大众哲学、政治经济学，学习很认真。晚上给农民上课，开识字班。有人教汉字，有人教拉丁文新字，还教唱歌，讲时事，讲日本侵略中国罪行，讲二十一条等，这些活动当时是在党领导下秘密进行的。丁仲文、郝金贵就在那里发展党组织。

到了9月，市内大中学校开学上课，同学们都回校了，剩下我和林心贤，还有徐达本等被开除的学生，有人给我们在河北区月纬路租了一间房子。我离开王兰庄，住在河北月纬路，当年9月，我就加入了中国共产党。11月，我和林心贤到了太原，参加了抗日救亡工作。

链接：徐克立：1936年暑期在王兰庄参加义教的回忆

我在1936年暑假期间，在天津市南郊王兰庄参加义教教学团的活动。1936年5月28日，天津学生大游行示威以后，天津市反动当局为了镇压学生救亡运动，急忙下令各学校提前放暑假，学生无法继续在进行抗日救亡活动，许多学校在学生离校后，大批开除学生运动中的骨干，天津市学联也被禁止活动。天津市党组织决定派一批学生骨干到天津市郊区举办义务教学团，通过教农民识字，开展党在农村工作，王兰庄义务教学团主要成员是天津北洋大学的同学，他们都是暑假被学校开除的学联骨干。党组织派我去王兰庄教妇女识字，每星期去两次，我还邀请我的好朋友刘岫珊同去教课。当时在王兰庄长住的，北洋同学有刘讷（已故）、陈志远、林心贤、曲珪田、付景洪、于奇。在这期间，我们给学生上课，教唱歌曲，宣传抗日道理等，还经常与农民一起讨论国是，宣传抗日。当时学联派到王兰庄的人较多，主要是青年学生，暑期后学联还继续派人到王兰庄去。实际上，王兰庄已成为一个革命点，一个根据地。1936年到1937年10月，我担任天津市学校区委工作。李启华同志当时是市委组织部部长，他领导过我。后来，由姚依林领导我。

链接：慕湘：1936年后半年我在王兰庄的工作情况

"一二·九"学生运动中，天津各大学、中学的学生，在旧学联领导下，走工农结合的道路，在郊区王兰庄、姜井等村庄办起了农民夜校，宣传抗日救亡，教工农识字，同时推行拉丁化新文字。1936年暑假期间，北洋大学、南开大学、法商学院和几个中学的男女进步学生大部分都加入了这一活动。8月底学生返校上课，我去王兰庄接替他们的工作。送我去的北洋大学学生陈尧德（陈志远），暑假期间与农民处得很熟，他把我送去便走了。

王兰庄当时大约有三四十户人家，附近是大砖瓦窑，一片碱地，几乎是不毛之地，只有村长家养着牲口，过得富裕，多数人家都很穷，秋天靠捉虫子、熬盐求生。

村当中有两排土房称为庙，但平时无神，大约在阴历七月十五日盂菊会在南屋外间张挂起神龛，供奉的是达摩老祖，可能是当年义和团留下来的信仰。会期牵一头牛，全村聚餐，南屋西首里间住着一位高个子老人，人称大爷（忘其姓），是张勋复辟时的辫子兵，还留着辫子，平时盘在头顶上，无亲故，依靠捉虫子、捉小鱼、捞虾米过活。东间是私塾，由一位山东人马先生教授儿童三字经、百家姓，夜晚吊起煤油灯，教成人识字，讲政治常识，宣传抗日救亡，教救亡歌曲，还推行拉丁化新文字。起初只有一伙年轻人参加，后来中年人也参加，个别妇女也参加了。

不久，学联又派去余唐苞（余力步）和陆平，大家称我为校长。余唐苞是唐山人，刚从监狱里出来，被捕前在地下党组织机关工作，刻一手很漂亮的钢板小字，会唱歌演戏，他来了王兰庄的工作更加活跃。他还会一种简易印刷方法，用浓重的墨水在纸上翻印，在石膏调甘油制成的平板上可印出几十张所要的文字。

王莹是山东荣成人，平素沉默寡言。1935年参加胶东暴动失败后逃出来。当地驻有东北军王以哲师的教导队，那里有他不少的同乡，也有中共地下党组织。他经常到天津市同他们聚会，有时还带回点秘密文件。

天津市旧学联经常在星期日到王兰庄集会，来时都骑自行车，门口停一排，那些参加活动的学生多半都认识我，但我很少认识他们，因他们多是集体来，集体走，同我个别接触的较少。我有事找他们或筹钱，去南开大学比去北洋大学次数多。有时我们也在小倪庄开会，有几次会上争论很激烈。

中秋节以后，有一天忽然来了几十个武装警察，把村子围了，我们以为是逮捕我们的，我同余唐苞藏到村副马春起家里。我同余唐苞争执起来，坚决要对方迅速离开，留下自己一人来应付。争执间，马春起弄明了情况，跑回来说是某权势官豪出来上坟，怕土匪绑票，出动一队武装警察保护。当时王兰庄村外有不少权贵官豪家的坟地，好地都被他们占了。

有一天，海光寺日本营盘的日军直奔王兰庄，把村子围起来，机枪支起来对着村子。结果又是一场虚惊，原来是日军演习进攻村庄。有日本人乘坐人力车也来过王兰庄，我们就藏到村里人们家里。后来我比较警惕，经常检查书籍、文件，连当时流行的小说《铁流》及鲁迅的书都藏在群众家里，不放在身边。

因为在校的同学星期日经常到此集会，这里竟没有一间大房子。这时私塾马先生秋后回山东老家一去不回，学校完全由我们操办，我提议在村里盖些房子，正式建起学校，这想法得到村长、村副和群众的支持。我同天津学联的同学们说了，他们也同意。我便起草了一份捐启，在各校学生中很快便募集了大洋300多元，全村男女老少都欢腾鼓舞，把钱全部买了砖瓦木料，大家一齐动手，很快盖成4间玻璃门窗的大瓦房，也是村里唯一的大瓦房。从此我们的声望大大提高，附近各村不时有人来找我，希望我们也去给他们办学校。王兰庄的人生活十分穷苦，到了深秋，原野上的虫子，水塘里的小鱼和虾米不容易捕捉了，人们只能在盐碱地上刮土熬盐。当时，盐是官方统购统销物资，熬私盐违法，有盐警缉私队，日夜在原野上巡查。一旦被发现，首先没收大锅和水桶，还要捉去蹲班房罚款。有的人虽然未被捉去，但被追赶累得吐血，还丢掉了大锅和水桶。我们便同熬盐的刘振奎等人商量，组织几个人合伙熬盐，四处放哨，一旦发现盐警，发出信号，立即灭火，四处躲藏。这个办法对付盐警很奏效，我们很快便组织起了几个熬盐小组。在此基础上，又以农民救国会的名义，召唤一些农民为秘密会员。农民救国会上面并没有这个组织，是我为了工作方便，自己拟定的名称。同时又将思想觉悟较高的刘振奎、何文彬等人介绍加入共产党，单线同我个人联系。

当时，日本走私车沿着津盐公路日夜向南奔驰。有时，他们的车坏在王兰庄附近，日本人捉农民帮他们推车。记得有一次，农民抢了一辆走私车。“西安事变”后，我去山西参加牺牲救国同盟会的工作，从此我便离开了王兰庄。大约1958年前后，我因公到天津出差，趁便去王兰庄一次。

◉ 天津南部“第一个农村党支部”诞生

在义教中诞生 中共天津市委十分重视在抗日救亡运动中培养、考察、发展党员。1936 年 8 月中旬，慕湘、陆平、余力步等受党组织委派先后到王兰庄，通过募捐资金盖了学校，并以此为掩护，创建党的活动基地。

国民党的保安队也同盐警队相勾结，经常到村里敲诈勒索，农民的生活苦不堪言，贫苦农民中蕴藏着极大的革命热情。为了维护贫苦农民的切身利益，经过慕湘、陆平等同志与王兰庄村刘振奎商量，秘密组织几个熬盐小组，与盐警队进行各种形式的斗争。农民们在实践中感到组织起来的必要性，慕湘因势利导，建立起农民救国会，会员由十几人逐步增加到四五十人。农民救国会成为王兰庄开展抗日救亡活动的核心力量，涌现出的一批抗日积极分子与旧势力进行斗争，积极开展抗日救亡宣传。9 月下旬，慕湘发展王兰庄村民刘振奎，陆平发展崔建华、何文斌等加入中国共产党。随着党员人数的增加，决定建立天津市南部第一个农村党支部——王兰庄党支部。陆平任书记，党支部直接受中共天津市委领导。年底，王兰庄党支部发展刘振瑞、郭金伦、孙殿甲、李恩泽、郭春祥、宋贵生、孙玉荣、刘振和 8 人加入中国共产党。陆平在于台发展毕有学、毕玉玲、潘富庆入党，刘振奎在李七庄发展翟长安入党。至此，王兰庄党支部拥有农村党员 10 名。在抗日战争的艰难岁月里，党支部领导群众以各种方式开展对敌斗争，中共平津唐点线工作委员会成立后，王兰庄支部作为党的一个联络点，为党做了许多工作，为抗日战争的最后胜利做出贡献。

带领群众抗日救亡 1937 年 7 月，日军大举进攻天津，宋哲元的二十九军奋起抵抗。王兰庄党支部根据上级党组织指示，立即组织群众支援二十九军。在梨园头村民救护队的配合下，王兰庄村民救护队冒着敌人的枪林弹雨到八里台一带抢救伤员，为伤员筹集鸡蛋和食品，烧水做饭。在村民的悉心护理下，许多伤员转危为安，重返前线。30 日，天津沦陷。9 月初的一天晚上，村党支部书记陆平带领王兰庄、于台等村群众，连续拆毁从邓店至牛坨子良陈支线多段日军铁路。9 月某日下午，陆平带领部分党员、群众拦截日军运送弹药、粮食等军需物资的大车，把车上的大米推进河沟，缴获数百发子弹和一把日军指挥官的佩刀，留下一张写着“中国人民不是好惹的”字条后安全撤离。是年秋，陆平等人转入市区。留下的党员继续在王兰庄党支部的领导下开展工作。年底，党员刘振奎、何文彬在八里台、西营门等地散发传单，曾把传单散发到日军兵营里，引起日军的恐慌。1938 年年初，在党的“隐蔽精干，长期埋伏、积蓄力量，以待时机”工作方针指导下，王兰庄党支部的工作更为艰难、危险，王兰庄的抗日救亡运动时断时续。直至 1945 年后，王兰庄党支部与上级组织失去了联系。

◉ 修建天津“一二·九”抗日救亡运动纪念碑、纪念馆

当年义教学生重返王兰庄，是王兰庄村修建天津“一二·九”抗日救亡运动纪念馆的契机。

1985 年 5 月 7 日，解放军总参谋部政治部顾问薛明同她当年的同学、战友陈凯一起，回到曾义教过的王兰庄村。当年她叫王爱真，以三八女中学生的身份参加义务教育活动，宣传抗日救国的革命道理。

重回当年熟悉的村庄，重会当年的战友，重见当年演讲的土台子，薛明与陈凯心潮澎湃，多少往事涌上心头，禁不住泪眼婆娑，情难自抑。她们一边和村民握手寒暄，一边讲述当年义教的情景和在村庄生活的点点滴滴，感受着村庄、百姓和时代的变化，也更加深切地认识到当年开展“一二·九”抗日救亡运动的伟大意义。一个想法从两人心中生出：建议天津市委在天津开展纪念“一二·九”抗日救亡运动五十周年活动，让人们铭记这段历史，铭记中华民族抗击外侮的不屈精神，铭记中国共产党在危亡关头挺身而出做出的特殊贡献。于是，在天津市委顾问委员会主任张淮三、市人大常委会主任张再旺、常委副书记谭绍文和市委书记倪志福先后会见二人时，提出这一建议，并得到市

义务教学点旧址纪念碑

天津“一二·九”抗日救亡运动纪念馆

委领导人的一致赞同。市委书记倪志福提议并决定：在 1936 年暑期义教点王兰庄演出抗日救亡戏剧的土台子上设立纪念碑。西青区委党史资料征集小组按照市委宣传部的意见，起草纪念碑碑文，由杨柳青镇农民书法家书写初稿，报市委宣传部审定，经市委审查确定。12 月初，纪念碑建成。碑高 1.9 米，宽 1.3 米。碑座为黑色花岗岩，碑身选用白色大理石，碑文呈金字。

1986 年，天津市委、市政府在王兰庄修建“天津学生抗日救亡义务教育点陈列馆”。1988 年，陈列馆更名为“天津学生抗日救亡义务教育点纪念馆”，由中共中央政治局常委、国务院副总理、当年领导义务教育运动时任天津市委书记的姚依林题写馆名。纪念馆共 120 平方米，为平顶砖混结构的厅堂筑。1994 年，被确定为天津市青少年爱国主义教育基地。王兰庄义教点旧址纪念碑为市级文物保护单位。21 世纪初，王兰庄村在进行村庄改造时，围绕纪念碑修建 2000 多平方米的天津“一二·九”抗日救亡运动纪念碑广场。

2003 年，相关人员在村原陈列馆的基础上，对历史资源进一步挖掘，走访部分当年参加过义教的老同志，到北京首都图书馆、天津市党史研究室等单位搜集资料，充实展览内容，于 12 月初在 7 号别墅新建纪念馆，建筑面积 400 平方米，是一座砖混结构的厅堂。新馆经市文物局批准更名为“天津‘一二·九’抗日救亡运动纪念馆”。该馆的建立，受到社会各界普遍关注。

附 1：纪念碑碑文[①]

（正面）

一九三六年天津学生抗日救亡义务教学点旧址纪念碑

（背面）

一九三六年夏，在“一二·九”运动推动下，北洋大学、南开大学、法商学院、三八女中、中西女中、女师、汇文中学、扶轮中学等校的进步学生，响应中国共产党的号召，走知识分子与工农相结合的道路，在我市的王兰庄、小园、姜井等地开展义务教育，进行抗日救亡宣传，为农村培养了一批抗日骨干力量，为当年秋在王兰庄建立党组织奠定了基础。

为了缅怀革命前辈，教育人民，继承和发扬革命传统，实现“四化”，振兴中华，特立此碑，以志纪念。

链接：首座“一二·九”抗日救亡运动纪念馆天津落成[②]

掀起一块热血染红的旗帜，高歌一曲义勇军进行曲，放飞一群和平鸽，蓝天白云下、绿草如茵的广场上，中国第一座“一二·九”抗日救亡运动纪念馆在天津西青区王兰庄村落成。来自京、津、冀等地机关、学校和军队的白发老人与莘莘学子，聚集在馆前，纪念“一二·九”运动六十八周年。六十八年前的今天，北平爱国学生在中国共产党的领导下，举行了抗日救国大示威。天津、上海、西安等地学生积极响应，迅速发展成为全国各界抗日救亡运动。毛泽东曾经指出，“一二·九”运动是伟大抗日战争的准备，同五四运动是第一次大革命的准备一样。站在新落成的纪念馆前，华北抗日烽火里成长的陈德仁、李新环老人心潮澎湃。他们深情地说，在“一二·九”运动中，天津爱国学生曾以王兰庄村为基地，在津郊地区开展如火如荼的抗日救亡义务教育运

① 天津市人民政府 1985 年 12 月 9 日立。

② 作者金秋，原载中国新闻网 2003 年 12 月 10 日。

动，培养了一批抗日骨干，建立了津郊最早的中共党支部，推动了华北抗日救亡运动的开展。

津兰集团董事长、中共王兰庄村第十六任党支部书记郭宝印说，今天我们总算了却了一个心愿，天津市早在20世纪80年代就把这里作为爱国主义教育基地，可那时村里还很穷，拿不出钱来建纪念馆。现在集团和村级年收入达3亿多元，我们致富不能忘了传统，发展经济不能丢了精神文明，此次村里投入160多万元，支持建设这个纪念馆，对前辈、后人都是一个交代。

中共西青区委常委、宣传部部长胡有刚在纪念馆里与南开大学、天津大学的学生座谈时，一直抑制不住内心的激动。他说，日本少数右翼分子，一直不顾和平发展的世界潮流和亚洲各国人民的情感，歪曲割裂历史，蒙蔽青少年。天津“一二·九”抗日救亡运动纪念馆的建立，是对国难岁月里中华民族精神的历史凝固，也是对妄图阻挠、破坏和平发展世界潮流者的警示。

附2：在王兰庄流传的抗日义教歌曲

1936年暑期，天津进步学生教唱大量激发民众爱国热情的歌曲。歌词大多通俗易懂，朗朗上口，很受农民欢迎。至今保留完整的有以下12首：

救亡进行曲

工农兵学商，一起来救亡。我们拿起铁锤刀枪，走出工厂田庄课堂。到前线去吧，走上民族解放的战场。

脚步合着脚步，肩膀靠着肩膀。我们的队伍，是广大强壮。全世界被压迫兄弟的斗争，是朝着一个方向。

千万人的声音，高呼着反抗；千万人的歌声，为革命斗争而歌唱；我们要建设大众的国防，大家起来武装打倒汉奸走狗，枪口朝外向！

要收复失地，打倒日本帝国主义，把旧世界的强盗杀光！杀光！

抗日打牙牌歌（“九一八”小调）

中华民国二十年呢，九月十八那一天哪，关东起狼烟，哎嗨哎嗨哟，关东起狼烟哪。

山海关外风云变哪，日本军阀翻了脸哪，大炮响连天，哎嗨哎嗨哟，大炮响连天哪。

机枪大炮响连天哪，满天飞机扔炸弹，工农死无数，哎嗨哎嗨呦，工农死无数呦。

豪绅地主把家搬哪，劳苦兄弟死得惨哪，因为咱没钱，哎嗨哎嗨呦，因为咱没钱哪。

不管群众苦和疼啊，地皮刮得干干净净啊，都给养了兵，哎嗨哎嗨呦，都给养了兵。

养兵百万有嘛用啊，日本鬼子一来就发了蒙啊，不敢哼一声，哎嗨哎嗨呦，不敢哼一声。

劳苦大众快觉醒啊，依靠军阀是不成啊，大家要认清，大家要认清。

军阀都是卖国贼哪，豪绅地主当傀儡啊，专会抱粗腿，哎嗨哎嗨呦，专会抱粗腿。

请看西卡张景辉呀，甘心投降日本鬼呀，大开欢迎会，哎嗨哎嗨呦，大开欢迎会。

迎接日本如迎佛呀，虾兵蟹将来好多呀，建设满洲国，哎嗨哎嗨呦，建设满洲国。

日本攻打黑龙江呀，劳苦兄弟不投降呀，不怕机关枪，哎嗨哎嗨呦，不拍机关枪

多少兄弟拼命挡啊，政府不肯去帮忙啊，他怕小东洋，哎嗨哎嗨呦，他怕小东洋。

日本得胜龙江边哪，兵船开到黄浦滩哪，要把上海占，哎嗨哎嗨呦，要把上海占。

卖国政府真混蛋，令叫军队回头转哪，不跟日本干，哎嗨哎嗨呦，不跟日本干。

军队兄弟认得清啊，日本来了害工农啊，军阀跑南京，哎嗨哎嗨呦，军阀跑南京哪。

前线的兄弟真英勇啊，不等命令打敌兵啊，勇敢向前冲，哎嗨哎嗨呦，勇

敢向前冲。

世界都会一二八呀，热血培成了革命花呀，民众保国家，哎嗨哎嗨呦，民众保国家。

军阀官僚心害怕呀，他和日本是一家呀，单等灭中华，哎嗨哎嗨呦，单等灭中华。

一面他把群众压呀，停战协定你卖国呀，日本笑呵呵，哎嗨哎嗨呦，日本笑呵呵呀。

日本三次打热河呀，一夜里面占承德呀，主席专卖国，哎嗨哎嗨呦，主席专卖国呀。

山海关头你开炮火呀，平津全都了不得，阔佬往南挪，哎嗨哎嗨呦，阔佬往南挪。

一起往南挪呀，不管群众受折磨啊，痛苦不能活，哎嗨哎嗨呦，痛苦不能活。

学生游行告群众呀，劳苦兄弟快觉醒呀，大家要活命，哎嗨哎嗨呦，大家要活命。

活命就得先革命呀，万众齐心打冲锋按啊，打退日本兵，哎嗨哎嗨呦，打退日本兵。

五月的鲜花

五月的鲜花开遍了原野，鲜花掩盖着志士的鲜血，为了挽救这垂危的民族，他们曾顽强的抗战不歇！

如今的东北已沦亡了四年，我们天天在痛苦中熬煎，失掉自由更失掉了饭碗，屈辱的忍受那无情的皮鞭！

敌人的铁蹄越过了长城，中原大地依然歌舞升平，亲善睦邻啊，卑污的投降，忘掉了国家，更忘掉了我们。

再也忍不住这满脸的愤怒，我们期待着这一声怒吼，吼声惊起这不幸的一群，被压迫者一齐挥动拳头！震天的吼声，惊起这不幸的一群，被压迫者一起挥动拳头！

伟大的手

你也有，我也有，两个好朋友。每天不离我们左右，不论什么工作，他都能担负。它有余粮，它能奋斗。要把世界一切强暴者铲除，要把世界一切弱小者援救。它能开辟光明的道路，它能创造美丽的宇宙。你道它是谁？原来是伟大的手。

西方安乐园[①]

西方有一个安乐园，有饭大家吃，有工大家做。也无穷啊，也无有富，人人有快乐，做工是小事，都把才学懂，不分男和女，不分你和我，自由平等，光明社会幸福好生活。

西方有一个安乐国，再看我中国，穷人太难过，又少吃啊，又无有喝，病灾水旱多，军阀刮地皮，宫廷来压迫，人间活地狱，让我们怎么过活？穷苦大众快快起来，创造安乐园。

我们中国真危险

我们中国真危险，日本大调兵，杀进中国境，开大炮啊炸百姓，一刻也不停。百姓的性命，蚂蚁一样轻，百姓的财产，夺得干干净。帝国主义汉奸走狗，勾结害人民。

我们中国真危险，全国的老百姓，大家要认清，日本鬼呀真凶狠，拼命欺负人，占据了中国地，一省又一省。我们中国人，大家要翻身，团结起来，打倒日本把我中国兴。

我有敌人凶似狼

我有敌人凶似狼，强占我地方，抢掠屠杀后再烧毁我村庄。可怜我同胞们千万命遭殃，不打倒野心狼，人人做马羊，兵和民不要分，齐心打敌人，联友军杀敌人，仇恨要认真。

不后退，不投降，敌军轰睡梦凉，我们心坚强，争山河守四方，雪国耻赴边疆，万古美名扬。

---

① 西方安乐园指十月革命后的苏联。

穿枪林，冒弹雨，不怕水火深，弟兄们，向前进，闯破敌中心。

前军仆，后军上，攻上前，交手仗，不问血光，拼一命，死战场，夺回我失地方，为民族自强，杀敌上。

说凤阳道凤阳

说凤阳道凤阳，凤阳真是个好地方，自从出了土皇帝，十年倒有九年荒，咚咚咚咯锵啊，咚咚咚咚咯锵啊，咚咚咚咚锵咯锵锵锵锵……大户人家改行业，小户人家卖儿郎，奴家没有儿郎卖，身背着花鼓走四方，来来来来来……

说凤阳，道凤阳，凤阳早年遭灾殃，堤坝不修河水涨，田园万里片汪洋，咚咚咚咯锵啊，咚咚咚咚咯锵啊，咚咚咚咚锵咯锵锵锵锵……多少人家债又负，多少人家无有衣裳，奴家为我三餐饭，身背着花鼓走四方，来来来来来……

说凤阳道凤阳，凤阳真是个好地方，从前军阀争田地，如今鬼子动刀枪。咚咚咚咯锵啊，咚咚咚咚咯锵啊，咚咚咚咚锵咯锵锵锵锵……战场死去男儿汉，村庄留下女和娘，奴家走遍了千万里，到处饥寒到处荒，咚咚咚咚锵啊，咚咚咚咚锵啊，咚咚咚咚，咚咚咚咚，锵锵锵。

新编凤阳歌

说东洋，道东洋，东洋本是个小地方，九月十八摆了一仗，外交从此变了主张，咚咚咚咚锵啊，咚咚咚咚锵啊，咚咚咚咚锵咚锵咚锵锵锵。

勾引汉奸来亲善，收买走狗去投降，不上三年六个月，日本鬼子成了太上皇。咚咚咚咚锵啊，咚咚咚咚锵啊，咚咚咚咚锵咚锵咚锵锵锵。

手把锄头锄野草

手把锄头锄野草呀，锄去了野草好长苗哟，依呀嘿，呀呼嘿，除去了野草好长苗呀呼嘿呀！

革命成功靠锄头呀，锄头底下有自由呀，依呀嘿，呀呼嘿，锄头底下有自由呀呼嘿呀！

五千古国靠锄头呀，背起锄头来奋斗呀，依呀嘿，呀呼嘿，背起锄来奋斗呀呼嘿呀！

光棍锄头不中用呀，联合聚起来革命呀，依呀嘿，呀呼嘿，联合聚起来革命呀呼嘿呀！

手把锄头锄日本呀，锄去了日本好解放啊，依呀嘿，呀呼嘿，锄去了日本好解放呀呼嘿呀！

自由神

工农商学兵，大家一条心，不分男女性，合力奔前程，我们不要忘了救亡的使命，我们是中国的主人。

中国的主人！中国的主人！莫依恋你那破碎的家乡，莫珍惜你那空虚的梦想，按住你的创伤，挺起你的胸膛，争回我们民族的自由、解放，自由、解放，自由、解放。

穿上意志的武装，踏上人生的战场，擎起自己的刀枪，制止敌人的猖狂，争回我们民族的自由、解放！

中国已经突破了它的黑夜茫茫，人民已经锻炼了他的意志成钢，前途已经发现了光明的希望，看，自救的烽火燃遍了四方！

同志们，大家一条心

同志们，大家一条心，挣扎我们的光明，我们并不怕死，不要拿死吓唬我们。我们不做亡国奴，我们愿做中国的主人，让我们结成一座铁的长城，把强盗们都赶尽，让我们结成一座铁的长城，向着自由的路前进。

村域经济

立村后，王兰庄经历漫长的传统经济时期。新中国成立后，实行人民公社化，集体经济初步形成并向城郊型转化。二十世纪六七十年代，以围绕服务城市的蔬菜和渔业生产为主，出现越来越多的加工和生产型企业，逐渐超越农业成为集体经济的主体，人们生活水平得到较大提高，从温饱到接近实现小康。改革开放后，以家庭联产承包责任制为主的多种经济形式相继产生，集体经济得到迅速发展。由于村土地逐渐缩减，农业经济比重逐年减少直到退出。随着改革开放的深入，村工业企业快速膨胀，以津兰集团为龙头的集体企业成为经济腾飞的强大引擎，村集体经济迅速驰入城市化、现代化、全覆盖、大发展的快车道，王兰庄村经济体量、人民生活水平在天津地区均位列前茅。

南面平川背倚城，改革大潮舞劲风。
一村迎来八方客，商海翱翔赛雄鹰。

◉ 由传统经济向现代都市化经济跨越

立村至今，王兰庄经济大致可分为三个时期：一是传统经济时期（建村至1949年），历时600余年，村民开垦荒地，以耕作和捕鱼为生。由于生产条件恶劣，生产力低下，村民长期处于饥寒交迫状态。随着近代天津城市发展，津南地带砖窑、冰窖兴盛，村民多在砖窑挑土，或靠河上船运，或为互助组、初级社、高级社，生产力得到发展，粮食和其他农作物产量提高，人们的生活困境得到缓解。人民公社成立后，集体经济和生产模式逐渐定型，村域经济仍以农业生产和劳动力输出为主，城郊型经济特点越来越明显，围绕服务城市的蔬菜和渔业生产得到较快发展，与劳务输出共同构成村经济的重要来源。后期出现越来越多的加工和生产型工业企业，逐渐超越农业生产成为集体经济的主体，人们的生活水平得到很大提高，从新中国成立初期的追求温饱到接近小康。二是改革开放时期（1979—至今），村中以家庭联产承包责任制为主的多种经济形式相继产生，集体经济得到迅速发展。这一时期的重要变化是天津城市建设外延不断扩大，村域土地逐渐缩减，农业经济比重逐年减少。随着改革开放的深入，村工业企业快速膨胀，以津兰集团为龙头的集体企业成为经济腾飞的强大引擎，村集体经济迅速驰入城市化、现代化、全覆盖、大发展的快车道，王兰庄村经济体量、人民生活水平在天津地区均位居前列。

种植养殖 早年村域水源充沛、地势平坦，适宜农耕和捕鱼，故农业和渔业是早期王兰庄人生产和生活基本方式。

解放后，村组织开垦荒地，扩大土地面积，粮食生产占主导地位。20 世纪 80 年代初，实行口粮田、责任田“双田”制，集体所有的大牲畜、小型农机具等部分折价转让给村户，土地分别由农户各自经营；养鱼坑塘和集体企业全部发包。

八九十年代，蔬菜种植和淡水养殖成为王兰庄村集体经济主要来源，并且随着地膜覆盖、塑料大棚种植养殖等先进生产技术的引进，经济效益成倍增长。

村域范围内以前树木较少，新中国成立后林业一度兴盛，果树较多，后转入常规种植。王兰庄花园建成后，栽植有大量景观树。

至 21 世纪初，随着村域土地被大量开发、征用，农业生产日渐萎缩，村集体将余存土地和储备土地、坑塘发包给个人，继续从事农业生产。2014 年 10 月，村委会在西青区国土资源分局注销集体土地权利，原“集体土地使用证”公告作废，农业生产自体制上宣告结束。

粮食生产 村粮食播种主要有冬小麦、春播大麦，夏播高粱、大豆、玉米等；早年晚田也播种荞麦。各种作物都是一年一季，很少套种和复种。

明万历年间（1573—1620）水稻播种技术传入天津后，村域始有少量种植，但间有断续。清嘉庆年间（1796—1820），村域土地水稻播种面积始多，且稻米质量上乘，堪与“小站稻”媲美。村民通常在水域边缘围堰作田，小片种稻自己食用（二十世纪三四十年代，侵华日军在王兰庄地域圈地1000余亩，建立“协荣农场”“大川农场”“天津产业第一农场”，全部种植水稻）。

解放后，在灌排便利的地块选择性种植水稻，播种亩数通常在 300 亩以下，后随着水源紧缺逐年减少。种植品种有“银坊”“水源300粒”“蚌珠”等，每亩产量在100千克左右。

高粱是村域早期主要农作物之一。当地高粱分为白高粱、红高粱和黏高粱三种，主要品种有“大红散码”“大白散码”“瞎尾巴黏”等，通常亩产量在 30 千克左右。解放后一度播种杂交品种“多穗高粱”，产量可达 100 千克，后因口感差不复种植。

玉米作物种植较多，传统品种有“灯笼红”“小八趟”“金皇后”“白马牙”“黄马牙”等，亩产量一般在 50 千克以下。

小麦作物在王兰庄村播种较少，品种主要有“小红芒”“秃头麦”；春播大麦较为常见，主要品种是“米大麦”，亩产量 50 千克左右。

五六十年代，有耕地 1100 亩，主要种植高粱、玉米、小麦、豆类和少量水稻。

70 年代末，全村耕地总面积 750 亩，其中园田、旱田 663 亩，稻田 87 亩。

1983—1994 年，村耕地面积均为 384 亩，播种水稻等作物。粮食产量在 7 万千克上下。

1995 年，耕地减少为 220 亩，其中园田 100 亩，水田 70 亩，旱田 50 亩，分别由 40 余名劳动力承包种植，粮食生产以水稻为主。

2001—2013 年，耕地面积 382 亩，均为水浇地。农作物播种 100—165 亩、菜地 40 亩左右。

2014 年，村内停止粮食种植。

蔬菜生产 早期蔬菜种植主要为白菜、萝卜等高产粗菜。清末开始种植洋葱，到 20 世纪 60 年代初期一直被广泛种植。品种主要是当地的“荸荠扁”，亩产量可达 1000 千克以上。

1962 年，天津市要求近郊区“以菜为纲”，村多数稻田、旱田被改造为园田。菜类品种有大白菜、圆白菜、韭菜、大葱、旱萝卜、白萝卜、胡萝卜、西红柿、藕等。1972 年，地膜覆盖技术和塑料大棚种菜技术引入村，村中相继建起塑料大棚，主要种植西红柿和其他一些精细菜类。西红柿亩产达到 5000 千克，除按合同交售外，部分蔬菜进入梨园头批发市场，销往全国各地。

1978 年，各种蔬菜新品种不断引种上市，增加芹菜、苋菜、油菜、莴笋、西兰花、紫菜头、茄子、辣椒、甜椒、黄瓜、苦瓜、瓠瓜、佛手、蛇豆、菜豆、豆角、荷兰豆等数十个品种。

1985 年，蔬菜播种 430 亩，总产量 120 万千克，蔬菜收入 16 万元。

1986 年，村有水浇地 210 亩，均为菜地，其中 170 亩为商品菜地。

1988—1990 年，蔬菜上市 315 万千克（不含村民自营部分），总收入 70.5 万元。

1992 年，李七庄乡在津涞公路北侧建设蔬菜批发市场，村蔬菜种植业从此进入市场化时代。

1995 年，村中有园田 100 亩，蔬菜品种有西红柿、黄瓜、豆角、大白菜等。

2001—2013 年，播种面积维持在 120 ~ 240 亩，产量为 270 ~ 680 吨。其中，温室大棚最多播种 12 亩。

2014 年，村蔬菜与粮食种植同步结束。

养殖业 村周围多河流坑塘，为早期渔业提供了条件，村民用结薄、鱼篓、缯网、“泥鳅漩”等简单渔具从事水产捕捞，少则自食、多则售卖。水产养殖产生于解放前，人们在旱季退水后于坑塘洼淀放养鱼苗，赶在雨沥到来前结网清坑。后随着基础设施建设和周边河流水位下降，自然形成坑塘和砖窑取土窑坑，被广泛用于养鱼，鱼的品种逐渐增多，养殖技术日臻成熟。20 世纪 50 年代，在“东洼鸭场”“东风养殖场”等周边较大养鱼场带动下，村多数自然坑塘都被改造为人工养鱼池塘，养鱼水面 300 亩。

鱼苗由天津水产公司培育、供应，主要品种有青鱼、草鱼、白鲢、鳙鱼等，都是经过改良的优良品种。

1978 年后，村集体养鱼渐成规模，养殖水面扩大，效益增加。1984 年，渔业收入激增到 50 万元以上，成为集体收入的重要组成部分。

1978—1984 年部分年份王兰庄渔业生产收支统计一览表

表 1　　　　单位：万元

年份	渔业收入	渔业支出
1978	4.50	1.00
1979	4.00	1.00
1980	7.00	0.50
1981	6.60	0.60
1982	8.90	0.30
1983	11.00	0.50
1984	52.30	1.40

1984—1989 年，将 150 亩养鱼坑塘承包给村民，放养青鱼、草鱼、鲤鱼等品种，平均亩产 287 千克，总产量 21.53 万千克。

1985 年，村主要养殖坑塘 4 个，水面 212.8 亩，全部承包给村民经营，实行纯利润包干。村民养鱼收入 26 万元，村集体收取养鱼承包费 18 万元。

1986 年，渔业收入 24.3 万元，其中集体经营收入 16.2 万元，承包经营收入 8.1 万元。1987 年，渔业收入 29 万元。1988 年，渔业收入 34 万元，其中集体经营收入 17 万元，承包经营收入 18 万元。1989 年，渔业收入 49.1 万元。

90 年代初期，随着村域土地被开发，养鱼坑塘大为缩减。90 年代中期，村购置周边农村多处坑塘作为土地储备，开发前承包给个人养鱼，使鱼塘面积一度上升到1100亩。

1988—1990年，养鱼收入累计80.5万元。

1995年，村有鱼塘700亩，继续承包给村民个人经营。村集体每年收取养鱼承包费20万元。1997年，渔业收入20.6万元。

王兰庄村民养殖畜禽一直很少，家庭和生产队集体饲养的大牲畜供耕作役使，只少量圈养、散养猪、羊、鸡、鸭等小型禽畜，并未形成规模。实行家庭联产承包责任制后，养殖业得到发展，村中出现猪、羊、鸡、鸭等养殖专业户，也出现少量特种养殖。

1985年，牧业收入9.55万元，其中专业户收入9.35万元。家庭养猪收入4.6万元，养鸡收入1.25万元，养鸭收入2.7万元，养牛收入1万元。

2001年，全村肉类总产量30吨。

2005年，全村生猪出栏290头，年末存栏200头；年末牛存栏15头，均为奶牛，当年产奶50吨。

果木林业 村土地低洼盐碱，不适宜树木生长。旧时在“庄台子”上面曾有一些枣树、椿树、梨树、槐树存活。

1956年，王兰庄和邻村在城乡接合部辟地80亩，建设“联村队果园”，其中4亩为苗圃，其余均栽植果树，包括苹果树370棵、桃树130棵、梨树77棵、杏树70棵、海棠树5棵、葡萄树2700棵。当时，该果园号称西郊区“第一果园”。人民公社成立后，果园分给三个大队，不久全部被砍伐。

1980年后，连年在村南老果园地栽种果树。1984年，村地段内有杨树648棵、榆树6272棵。乡政府决定“林权归队”，将与村村共有洼内6920棵树木按坐落地归属王兰庄村，每棵作价2元上交款项。

1985年，村集体林业收入1.3万元。

1991年，村成立林业队，制订林木栽植、管理规定，村内果木林木始有专人、专业化管理。

1994年，累计四旁植树2.66万棵。

1995年，四旁植树3160棵。从该年起，村林木栽植和管理实现常态化。

◉ 工业企业

二十世纪六七十年代，集体企业逐渐超越农业生产成为集体经济的主体，主要为锻件加工、机件加工、制钉厚漆等技术简单、投资较小的项目。

八九十年代，是村内企业从快速成长走向规范化发展的黄金时段。90年代初期，集体企业数量和产值达到高峰，轧钢、锻造、有色金属压延加工、钢丝制造、化工、印染等工业企业达22个，另有商贸企业12个，员工总数达到1200余人。津兰企业公司发展壮大为集团公司，于1995年被农业部批准为“国家级集团公司”。

村办企业概况 村办企业（以下简称村企）大多形成于20世纪70年代，多为早期生产队办副业基础上发展而成。

20世纪60年代前期，村民副业生产有小烘炉、车钻床、纳鞋底、糊纸盒等。

1967年，产生第一个锻件加工、制钉、机加工“三位一体”项目，设备有锻压设备1台，小烘炉2台，车钻床3台。该项目由小烘炉进行锻打铸造，再由锻压设备加工锻件毛坯和铁钉，最后由车钻床对自制机件进行加工。村企业主要为天津第一轧钢厂等市内大厂加工半成品锻件，从业人员14人，全年总收入7000元。

70年代，王兰庄村投资14万元兴建农机具修配厂，年产值10.1万元；与天津四新油漆厂合作开办厚漆加工分厂，年利润10万余元；在锻件加工项目基础上建立拔丝厂。

村办工业企业有锻件加工厂、机床加工厂、厚漆加工厂、电机修理厂、拔丝制钉厂等5个，职工总数89人。此外，还有汽车运输队、农机具修理厂等三产企业。

80年代初，村办企业职工总数达159人。村委会对村办企业实施目标责任管理，为企业定员、定生产任务、定奖励办法；成立津兰实业开发公司，并进行企业管理体制改革，制定实行目标管理责任制，津兰拔丝厂和王兰庄车队由个人承包，其他企业为集体承包。新建铜材改制厂、津兰轧钢厂、绘图仪器二分厂、电器厂、电缆厂、兰化染料厂等7个企业，主要生产铜线、电线、电缆、绘图仪器、染料、镇流器。80年代末，全村有村办企业10个，生产经营领域涉及制造、化工、设备、运输等行业。津兰实业开发公司更名为天津市西郊区津兰企业有限总公司，以统领村办企业。经营范围包括钢及有色金属压延加工、钢丝制造、经营公司成员企业自产产品及相关技术的出口等。

进入90年代，新建津兰金属制品厂、津兰化工研究所，研究所下属化工实验厂（油漆厂）、福利化工厂、津兰橡胶厂、钢材厂等7家企业；购买芦北口村部分土地及地面砖厂；对津兰化工厂进行技术改造，增加碱性桃红精 6GDN 产品。津兰电缆厂上升为市局级企业，集体企业创造多个质量好、信誉高的名优品牌。

电缆厂生产的“津兰”牌电缆线先后获得市优产品称号和部优产品证书，化工实验厂生产的金虎牌油漆和 TJ-02 低温快干氨基漆，化工厂生产的“津兰”牌玫瑰精分别获得市局级优质产品证书。2- 萘酚、玫瑰精、电缆线等村企产品除满足国内市场外，出口销往十几个国家，年产量上千吨；村办企业行业涉及制造、化工、加工、仓储、橡胶、印染等，年利润 350 万元左右；总公司延长集体企业承包年限，实行 4 年承包制，生产指标每年递增 30%，对工资、奖励分配制度进行调整改革，企业职工月工资由原来的人均 150 元提高到人均 200 元，年分配由原来 3000 元提高到 4000 元，提高 30%。村办企业发展到 22 个，商贸企业 12 个，员工总数 1200 人。涉及化工、冶金、仓储、运输、房地产、食品、制药等多个领域。

1993 年 10 月，天津市津兰企业总公司继续行使对村办企业的统领职能。总公司下属子公司 7 个：化工公司、电缆公司、冶金公司、商贸仓储公司、房地产公司、制药公司、食品公司。各子公司有所属企业 42 个，资产总值 1.2 亿元，其中固定资产 8500 万元、流动资金 3500 万元。当年，在集体总收入 1.6 亿元中，工业收入 1.56 亿元，占总收入 97%。

至 1995 年，总公司先后独资建设通用食品公司、津兰制药厂，合资筹建健兰漆料有限公司、兰特车业有限公司，完成津兰化工厂、津兰电缆厂车间扩建工程，完成津兰加油站工程和橡胶制品胶鞋生产线工程。先后组建津兰五金建材供销部、津兰物资站和

津兰电缆厂（2006年）

1990 年津兰公司分配方案

表 2　　　　单位：万元、人

企业名称	完成利润	润标	上缴利润		企业分配				职工人数
			应交	实交	工资	厂留	小计	劳均	
兰化染料	614.72	00	586.93	455.99	54.6	27.8	82.46	4581	180
津兰化工	−35.44	00	−41.83	−41.83	12.9	6.39	19.32	2013	96
津兰电缆	60.39	25	46.09	40.73	12.2	14.3	26.51	4078	65
津兰仓库	28.04	2	23.97	23.97	4.5	4.07	8.57	2856	30
津兰油漆	27.67	5	19.75	18.45	7.8	7.92	15.72	2858	55
津兰轧钢	43.29	2	37.34	27.14	6.52	5.96	12.48	4158	30
津兰拔丝	11.98	5	5.55	5.55	6.57	6.43	13.00	3172	41
津兰锻件	10.14	5	6.69	6.69	3.39	3.45	6.84	3255	21
金属制品	−12.4	5	−14.05	−14.05	3.96	1.65	5.61	2004	28
绘图仪器	−3.5	—	−3.5	−3.50	17.9	—	17.95	1995	90
津兰轧胶	−12.23	—	−13.63	−13.63	2.48	1.40	3.88	3102	12
合计	732.69	49	653.31	505.51	132.82	79.37	212.34	3097	648

津兰贸易公司。先后与日本合资成立兰溪发展有限公司，与中国香港合资成立兰通贸易有限公司，建立保税工厂，在马来西亚建立办事处。村有工业企业 13 个，行业涉及化工、电缆、橡胶、冶金等，其中市局级企业 2 个，重点企业有：兰化染料厂、津兰化工厂、津兰电缆厂、津兰化工研究所实验厂等，其他企业 8 个，村办企业从业人数 1258 人，其中中高级技术管理人员 200 余人。村劳动力 98% 在村办企业上班。

主要行业

20 世纪 90 年代中后期，王兰庄有包括化工、冶金等行业在内的工业企业 15 个，商业网点 5 个。21 世纪，由于政策性原因，村中污染企业全部关停，传统行业减少，一些新型产业成为村集体经济主体。

化工行业曾是村集体企业的奠基行业，也是津兰集团的核心产业之一。

厚漆加工　1975 年，天津市四新油漆厂与王兰庄村建立合作，由四新油漆厂提供设备、资金并派遣技术人员，村提供土地 7 亩并安排管理人员、工人 50 名。主要生产原子灰和厚漆两种产品，年产量 500 吨，每吨加工费 200 元。此后数年，油漆厂厚漆生产纳入天津市四新油漆厂生产计划，村集体固定每年可得加工费 10 万元。

1992 年，津兰实业开发公司筹划成立津兰化工研究所，投资 90 万元建设 1740 平方米实验楼项目。项目建成后，油漆厂改为津兰化工研究所实验厂，开发化工新产品，主产“金虎”牌中、高档油漆，年生产能力5000吨。

津兰化工 1985年年初，津兰实业开发公司报请有关部门批准，斥资筹建津兰化工厂。4月，受让原李七庄乡津西化工厂所有设备及原料、产品等，5个月完成碱性玫瑰精B生产线的建设和调试并试车成功，投入生产，当年获得纯收入21万元。1986年收入40万元。1987年收入120万元，递增幅度连年翻番。“津兰”牌玫瑰精远销西欧多个国家。

1989年，由于市场原因，“津兰”牌玫瑰精销售由高峰跌入低谷，企业出现生存危机。公司成立津兰染化研究所，决定拨出专项经费研制桃红精染料，研制成功后，建立“桃红精”生产线，于1990年6月成功产出第一批产品。

1991年，津兰化工厂与天津市北方化工厂实行供销人员四联制，将工资、奖金、费用同时承包，年内由亏损转为赢利78.8万元。桃红精6GDN质量难关被攻克，研制开发酸性橙Ⅱ品种。1993年，津兰化工厂生产的“津兰”牌碱性玫瑰精6GDN桃红精，在国家“八五”星火计划博览会上获得金奖，在全国新产品新技术展示会上获得银奖。碱性桃红精6GDN为国家商检局出口免检产品。津兰化工厂扩大生产能力，碱性玫瑰精B、碱性桃红精6GDN、间瓶基二乙基苯胺3种产品年产量达1000吨，成为当时世界第二大生产厂家，被化工部指定为重点产品生产厂家。

1996年，津兰化工厂加强管理、提升质量，降低消耗，产品单锅收率由多年来的140千克提高到175千克，增加效益100万元以上。

1998年，染料市场竞争激烈，津兰化工厂与日本田冈公司天津分公司合作，提高产量和销售额，改造工艺流程，当年生产各种染料1000吨，实现利润680万元。1999年，加大6GDN桃红精染料市场开发，实现销售收入4000万元，实现利税550万元。2000年，扩大产量，完成利税780万元。2001年，开发新品、增产创收，完成利税780万元。2005年，完成利润631万元。2008年，因属污染企业被限令停产。2011年，正式关闭并办理注销手续。

兰化染料 1988年，津兰实业开发公司瞄准国内外化工市场，与天津市化工进出口公司、区外贸局合作建设兰化染料厂，一次投资748万元，生产国标GB1646-79产品2-萘酚，设计年产量4000吨。占地面积5.77万平方米，固定资产650万元，职工人数100人。

1989年6月，兰化染料厂一次试产成功。生产的“津兰”牌2-萘酚质量上乘、口碑优良，在国内外市场上迅速占据重要地位。1991年，完成设备改造挖潜，建成年产600吨丁酸生产线。1995年，经农业部验收，兰化染料厂获得“企业推行全面质量管理标准”证书。是年，“津兰”牌2-萘酚被市乡镇企业管理局评为“乡镇企业名牌产品”。1996年，染料厂被市政府授予“天津市乡镇企业‘八五台阶工程’立功单位”称号，在西青区企业综合经济实力评比中被评为“百强企业”。1997年，被化工部评为“全国乡镇化工先进企业”，再次获评西青区“百强企业”。1998年，完成产量5500吨，完成利润450万元。1999年，完成2-萘酚产量6200吨，实现利税700万元。2000年，完成利税667万元。是年，企业固定资产3000万元，2-萘酚生产能力由原设计年产2500吨发展到1万吨以上，年利润近1500万元，精萘有职工280人，年产量1.1万吨，G盐年产量1800吨，R盐年产量200吨，伽马酸年产量600吨，亚硫酸钠年产量2000吨。产品销往16个国家和地区。2001年，实现利税450万元。2005年，完成利润190万元。2008年，因政府对污染行业进行指令性限制，兰化染料厂停产。2011年，正式关闭并办理注销手续。

电工电器行业 1985年，津兰实业开发公司筹建津兰电缆厂，主产“津兰”牌电线、电缆，9月正式开工兴建，1986年4月建成，7月完成生产线调试具备初步生产能力。1989年，“津兰”牌电缆相继获得市优产品称号和部优产品证书。1990年，完成产值550万元、纯利润60万元。1991年，实现利润99.8万元，投资72万元建成1300平方米主厂房，职工人数由1990年70人增加到90人。1998年，开拓新市场，潜水电缆产量大幅增加，完成利润110万元。1999年，完成利润指标。2000年，津兰电缆厂完成利税115.9万元。2001年，完成利税100万元。

2006年，津兰集团完成电缆厂仓库重建。2011年，津兰集团对电缆厂进行部分设备更新改造，调整工艺流程，提高产量、增加效益。2014年，电缆厂在津兰集团结构调整中关闭。

冶金行业 始于20世纪60年代中期，主要为锻压、加工锻件毛坯，兼打制铁钉和小型农具，后来分别成为锻件加工厂、机加工厂和拔丝制钉厂的原型。这些企业在早期集体经济中占比较大，对村企发展曾发挥“领军”作用。

锻件加工厂 是村办企业中成立最早、持续时间最长的企业。1982年，有职工74人，主要生产各种锻件毛坯，当年完成利润指标9.7万元。1983年，连续添置650千克空气锤和750千克模锻锤等设备，生产能力大幅提高，年产值达60万元。此后，一直稳定生产。2002年，在天津工商局重新登记注册，有职员工15名，主要生产、销售锻件产品。

拔丝制钉厂 成立于1978年，由早期制钉厂扩建而成，主要从事拔丝、制钉生产。拔丝厂诞生于集体经济与改革开放的节点，是村经济的奠基企业之一。1982年，有职工50人。1985年，总收入37.82万元，完成国家税金4.81万元。职工人数46人。1990年，在天津工商局重新登记注册，主要生产、销售钢压加工产品，注册资本18万元，在职员工30名。当年完成年产值50万元、纯利润14.5万元。1996年，由生产铁丝转产钢丝，改称津兰钢丝厂，主要生产和销售预应力钢丝。1998年，完成钢丝产量8000吨，实现利润230万元。1999年，实现预应力钢丝销售货值3000万元，利税500万元。2000年，完成利税124.8万元。2003年，在集团产业结构调整中被关闭。

津兰轧钢厂 一度为津兰集团冶金行业的领军企业，成立于20世纪80年代初期。初名津兰钢材改制厂，主要承接天津轧钢一厂等大型企业的来料加工，不具有独立生产和销售能力。1984年，津兰实业开发公司投资80万元，将津兰钢材改制厂改建成为中型轧钢厂，主产圆钢、螺纹钢等型号钢材并投放钢材批发市场。建厂时有职工145人，其中127人为村民。建厂当年收回大部分资金，实现年产值510万元。1986年，投资更新设备转产4号角钢，完成公司下达的25万元纯利润任务。1988年，取得产品生产许可证书。1989年，总产量215.12吨，总产值26.16万元，因受市场因素影响亏损18.65万元。1990年，扭亏增盈，完成年产值730万元、纯利润40万元。1991年，实行全方位承包，实现利润48.5万元。受钢材市场波动影响，1994年停产。

津兰无氧铜材厂 1990年登记注册，注册资本150万元，在职员工10名。主要生产无氧铜杆和铜丝加工，产品销往广州等地铜材市场。建厂当年完成轧铜产量1000吨，实现产值115万元。1991年，筹资322.6万元，兴建铜盘条到细丝的生产线，具备铜板、铜管到异形材的生产能力。当年完成销售800万元，实现利润11万元。1995年，铜材厂因市场原因停产。善后工作持续到21世纪初。

津兰金属制品厂 成立于1988年，有员工5人，主要从事金属制品销售业务。1990年，完成年销售额800万元、纯利润45万元。1991年，实现利润12万元。

其他行业（企业） 村早期村企因受政策、市场、管理等多种因素影响，产业结构调整比较频繁，部分企业存续时间相对较短，且因数量单一，很少形成规模。

津兰木制品（木盒）厂 成立于1984年5月，初为津兰实业开发公司与桃园印刷木制品厂的联营企业。公司投入新建厂房1万平方米，空旷场地1500平方米，以及设施、设备、原材料等；桃园印刷木制品厂投入部分机械设备及原材料。主要生产沙发、桌椅、柜台等。1985年，将木器制品厂厂房租给文汇氯纶开发中心，另择场地新建厂房1200平方米。是年，完成年度利润指标5.5万元。1989年，完成年度利润指标。1990年，木器厂被关闭，厂房、设备、材料等移交给绘图仪器厂。

绘图仪器厂 成立于1985年，为津兰实业开发公司与天津市绘图仪厂合作建设企业，联营生产绘图仪器。建厂时安装、调试设备50部，首批安置劳动力100名，后增加到150名。是年，绘图仪器厂总收入29.44万元，总支出17万元，其中生产费1.44万元、工业支出14.86万元，纯收入12.44万元，职工人数162人。1990年，利润亏损3.5万元。1991年，实现扭亏为盈，完成利润1.2万元。1992年，绘图仪器厂被关闭。

津兰仓库 成立于1986年6月，为津兰实业开发公司集体企业，注册资金5.7万元，有职工30人。经营范围：物资储存和自有房屋租赁。1988年于津淄公路东侧、外环线以北辟地30余亩，建设仓储库房和露天仓储货位，将部分房屋、场地出租。1989年，完成年度利润指标。1990年，完成利润28.04万元，扣除企业留存，实际上缴村集体23.97万元。1991年，实现利润31.2万元的同时，建设库房4000平方米。90年代中期后，仅存两个内储仓库，承包给个人经营。

津兰自行车厂 成立于1994年，按制造和喷漆两道工序分别成立兰特车业有限公

津兰集团

司和健兰漆料有限公司，主要生产和销售“兰特”牌童车。“兰特”牌童车上市后，销售一度良好，产生一定效益。因产业结构调整，于 1997 年停产关闭。

津兰加油站 建于 1994 年，投资 40 万元。占地面积 2000 平方米，建筑面积 200 平方米 。主要设备有汽油罐 2 个、柴油罐 1 个、加油机 4 台。

津兰物资贸易公司 成立于 20 世纪 90 年代末期，下辖津兰五金建材供销部、津兰物资站、津兰金属制品厂等经销单位。该公司的成立对于管理经营性企业发挥一定作用，产生一定的经济效益，后物资贸易中止。

通用食品 是村办企业中唯一的食品企业。1993 年，投资 280 万元兴办通用食品公司；1984 年建成投产。主要生产和销售“维德”牌酸枣果肉汁、津美乐饮料、山楂果肉汁等产品。通用食品公司产品市场反馈良好，初期业绩理想，后出现亏损，于 1996 年停产关闭。

津兰大酒店 建于 2001 年，位于卫津南路东侧家电商城南端，为津兰集团投资开办的下属企业。当时酒店设施、服务上乘，一度吸引津城西南广泛区域的顾客，门庭若市。后来随着周边企业关闭，酒店经营难以继续，遂关闭。

◉ 第三产业

村第三产业项目多以个体经营为主。随着村域经济的发展，村民私营和招租入驻的三产私企逐年增多，企业类型以个体工商业为主。2001 年，村三产企业 6 个，从业人员 246 人，营业收入 1827 万元，利税总额 92 万元。固定资产 463 万元。2016 年，三产企业 15 个，从业人员 1500 人，年度总产值 3.8 亿元，完成利税 1.15 亿元。

副业 早期佃农、渔户通过手工艺谋取主业外收入，其他人闲时以出卖劳动力为主。解放后，编织、纺织等传统技艺得以保留，成为一些家庭的副业收入。改革开放后，以锻件加工为主的加工业得到发展。20 世纪 90 年代后，随着工业化进程，村副业逐渐被工业化生产所取代。

加工业 由于村域芦苇丛生，且长期种植水稻，村民多年保有苇编、草编传统技术。一些村民用芦苇编织成苇席、苇箔，用稻草打制成草绳、草袋，然后销往市区和外地。由于传统编织工艺简单、取材方便，长期以来村民执此业者延续不断。冬闲时节，人们在冰面割取野生芦苇作为编织原料，赚取收入。

二十世纪六七十年代，村中曾有纺线、纸盒加工、纳鞋底等来料加工副业项目。大多由政府牵头，与用货单位签订产销合同，产品直接交售给商贸部门。80年代以后，各类轻加工项目逐渐消失。

建筑业 村建筑队曾以建筑砖窑和工业烟囱而远近闻名。20世纪50年代初，村内以初级社的名义组成建筑队，由20多人组成，后队伍不断壮大，人数最多时仅正式瓦工就达100人。由于不断实践，用心摸索，其中许多人成为筑窑和垒烟囱高手，盘垒十多米高大烟囱根本不需要搭架子，因而声名远播，生意兴隆，天津多个区县、河北廊坊、北京郊区及宁夏等地，均留有他们的建筑杰作。大型的如天津市染化二厂、化工五厂、棉纺厂、红旗毛纺厂等单位的烟囱，俱出自王兰庄建筑队之手。村建筑队所建造的烟囱最高达70余米，直径5.5米。80年代后，建筑队解散，盘窑等技艺在村中渐渐失传。

水上船运 20世纪60年代前，船运是王兰庄村民主要生活来源之一，最多时村内有单体木船10余只。村内单体船种类繁多，大小不一，可用载客，也可用作货运。船体底平，舱阔帮矮，载重量最小的只有几吨，大的二三十吨，无动力，由1人掌舵，2至4人拉纤，多为船户自己装卸，劳动强度大。解放前，为天津市区运送每千块砖，报酬为10千克玉米，1只单体船每天可以收入30多千克玉米。航路主要依靠赤龙河、卫津河，运送的货物主要为砖、瓦、黄土和煤等。冬季河道结冰期，一些船民改用“拖床”进行冰上运输。“拖床”系船民发明建造，由2条长约7尺、高1尺、厚1.5寸的木条，分别镶嵌有高2寸、厚0.3寸的条铁板，铁板两端翘起，由几根长2尺的横木拼并而成。上面铺有用竹竿、芦苇或秫秸等编排而成，且形体大于“拖床”的铺垫。可装红砖500块，由一人撑篙，行进速度很快，每日往返市区1~2次。天津解放初期，域内船户在卫津河上运输繁忙。时卫南洼一带有砖瓦窑70家，窑厂的用煤和所产砖瓦多为船只运送。村民参加工人新村、南开大学、天津大学、河北大学、修建大沽南路和天津机场等建筑材料运输。

1963年，河道日渐枯竭，船运业终止。村内只剩下木船3只，用于积肥挖污泥运输。

劳务输出 历史上，王兰庄村东、村北等主要路口曾自然形成“劳务市场”。每天早上，村民便陆续到马路边等候雇主，从事搬运、装卸、扛楼、土方、清理等活计。

村“瓦匠”“木匠”历来较多，多承接市区小型建筑、房屋修补活计，或乡间私人“零活儿”。每到农闲时节，村瓦木工匠便拿起泥刀、斧锯，成群结队地聚集到城区附近的马路边等活计。集体经济产生后，村内瓦工、木工大多编入村队建筑施工队。

改革开放后，劳务市场更加活跃，劳务输出成为集体和个人经济来源之一。1985年，劳务收入占村集体收入的13%。20世纪90年代后，随着各种工程机械的应用，村不再有劳务输出。

商业 村中原有商业性质“小铺”，经营油盐酱醋等生活用品，规模小、投资少。间或有“货郎担子”“推车货郎”等流动商贩，多因农忙而时断时续。

1954年，西郊区成立供销合作社，下设4个联村社，王兰庄联村社是其中之一，后成为李七庄供销社基层门市部。主要经营食盐、食油、煤油、火柴、肥皂、棉布等日常生活用品，后来商品种类增加工业品。1958年，联村社成为国营商业的基层机构，村中个体商户由此弃商务农。1995年，王兰庄门市部依然存在，为李七庄供销社14个门市部之一。

改革开放后，私人投资的门店逐年增多，商业、餐饮业发展迅速。1985年，村商业饮食业收入4.79万元。1986年始，商业、餐饮业均为承包经营和村民自营。是年，从事商业餐饮业劳动力5人。1988年，商业餐饮业收入5.08万元。1995年，村域内有服务性厂店30个，其中饭店10家，其余为土产杂品等，均为个体经营。2005年，村域三产企业269个，其中私营39个、个体经营225个；从业人员1465人，其中私营从业者556人，个体从业者671人；营业收入4.06亿元，利税总额3027万元。

21世纪，津兰国际商贸中心等大型卖场问世，域内大型超市、风味餐饮众多，年营业收入数以亿计。

运输业 村汽车运输队成立于1977年，对外承揽货运业务。1979年，车队有解放牌挂车3辆、挖掘机1台，主要承揽天津医学院等施工单位送土业务。1984年，车队添置汽车2辆、挖掘机1台。生产队解散后，集体所有的部分拖拉机移交给车队，运输能力加强。1984年前，车队由集体经营。1985年，车队以每年上交7万元纯利润底价招标，终以8.5万元承包给个人。是年，汽车运输收入38.77万元，其中承包经营收入19.57万元，个人自营收入19.2万元。后私人运输得到政策允许，汽车运输业迅速发展。1986年，运输收入52.99万元，其中集体经营收入14.69万元，承包经营收入28.3万元。个人自营收入10万元。是年，村有运输业联合体4个，从业人数12人，固定资产原值10.3万元，总收入8万元。1988年，运输收入7.3万元，其中集体经营收入2.7万元，承包经营3.8万元，个人自营收入8000元。1989年，车队出现亏损。1990年，车队停运并解散，人员分流，车辆、设备变卖给私营运输户。90年代后，客货运输业稳定发展，均为个体运营。

津兰集团

津兰集团公司是由王兰庄村创办的全资集体企业，以城郊型经济为基础，广泛涉及化工、冶金、电缆线材、中西制药、金融投资、房地产开发等生产经营领域，引领天津西南部现代物流、专业市场商贸群，构成多元化产业结构模式。创建于1984年，经历津兰实业开发公司、津兰企业有限总公司、津兰企业总公司三次脱壳蜕变后，在改革开放的时代潮流里成为天津市著名的企业集团。1995年，津兰企业总公司被国家体改委和农业部批准为全国首批国家级企业集团公司。1996年，津兰集团重新注册，后多次进行产业结构调整，实施多个重大项目建设，集团规模不断壮大，成为拉动村经济发展的一艘“经济航母”。

天津名企曰津兰，升级蜕变数十年。
经济拉动如航母，辉煌远景日中天。

◉ 拉动集体经济的强大引擎

津兰集团公司是由王兰庄村投资创办的全资集体企业，以城郊型经济为基础，广泛涉及化工、冶金、电缆线材、中西制药、金融投资、房地产开发等生产经营领域，引领天津西南部现代物流、专业市场商贸群，构成多元化产业结构模式，创建于 1984 年。1996 年，津兰集团重新注册，后多次进行产业结构调整，实施多个重大项目建设，集团规模不断壮大，成为拉动村经济发展的一艘“经济航母”。

30 多年间，企业业绩辉煌，资信优良。1995 年，获农业部颁发“全国乡镇企业集团”证书。2009 年，被第六届太平洋经济合作理事会（PECC）国际贸易投资暨国际生态城市建设博览会组委会评为中国城市开发杰出贡献企业。

◉ 发展概况

初创实业开发公司 1984 年，成立津兰实业开发公司，迈出村办企业规范化管理的第一步。

津兰国际商贸中心举行奠基仪式（2007年）

1989 年，更名为天津市西郊区津兰企业有限总公司，重新登记注册，统领村办企业的管理职能未变。

1993 年，更名为天津市津兰企业总公司，重新登记注册，继续行使对村办企业的统领职能。至此，津兰企业总公司已经发展成为一个集化工、冶金、仓储、运输、房地产、食品、制药于一体的大型综合企业公司。企业不仅拥有包括局优产品“金虎”牌中、高档油漆和“津兰”牌 2- 萘酚，国家“八五”星火计划博览会金奖产品——“津兰”牌碱性桃红精 6GDN，市优、部优产品“津兰”牌电缆等在内的名优产品；还拥有获得农业部“企业推行全面质量管理标准”证书、已达标为市局级的先进乡镇企业——津兰化工厂，获得化工部“全国乡镇化工先进企业”的兰化染料厂，达标为市局级企业津兰电缆厂等名牌企业。主要产品分别被中国电工产品认证委员会、冶金部、化工部颁发生产许可证书，其中化工产品还被确定为检验局出口免检产品和化工部重点产品。

总公司下属子公司 7 个：化工公司、电缆公司、冶金公司、商贸仓储公司、房地产公司、制药公司、食品公司。子公司所属企业 42 个，资产总值 1.2 亿元，其中固定资产 8500 万元、流动资金 3500 万元。总公司拥有三条化工产品生产线，两条电缆橡胶生产线，一条无氧铜材生产线，一条热轧螺纹钢材生产线和一条高强度预应力钢丝生产线。有职工 2600 人，各类专业人才 176 人，其中高级职称人员 10 人、中级职称人员 35 人、初级职称人员 131 人。

成立综合企业集团 1996 年 10 月，津兰集团注册登记，履行津兰企业总公司全部职能并延续所有企业活动。津兰集团注册资本 6680 万元，集团总资产 3.8 亿元，涵盖行业除化工、冶金、仓储、房地产、制药外，还有房地产开发、金融投资、租赁服务等。集团将村属企业收归旗下，完成集体资产向集团公司划转。其下属企业包括：国际商贸中心有限公司、津兰投资发展有限公司、兰泰商贸有限公司、津兰房屋租赁服务有限公司、天津市利同商贸有限公司、津兰电缆厂、津兰仓库、津兰建筑材料贸易有限公司、津兰农贸市场等。

90 年代末期，津兰集团下属企业在调整中由 30 多个缩减到 13 个，将一些边缘企业承包给个人。其中，染料厂、化工厂、电缆厂、化工研究所实验厂、房地产开发公司、商贸公司、仓库、家电城、京万红药业等成为集团公司骨干力量。

1995—1998 年，完成兰化染料厂两个车间、化工厂老产品工艺改造、灯塔鞋业与天津胶鞋厂的联营投资，津兰拔丝厂的搬迁，津兰仓库扩建工程，津兰药业对现有生产线的填平投资。4 年总计投资 1400 万元，稳定兰化、化工、钢丝、电缆、胶鞋、轧钢、制药等 7 个重点企业的生产销售。

1998 年，整体购买第二轴承厂。联合天津市信托贸易公司，共同投资 100 万元，完成旧机动车市场的建设和开业。完成中国一汽华北公司及上海大众集团租赁场地项目的

津兰药业

操作实施。投资 40 万元，完成小商品市场改造；投资 30 万元修复村北大桥，为完善津兰商贸街的载体功能创造条件。

1999 年，兰化染料厂进行车间改造，开发 6GDN 染料市场；津兰钢丝厂抓住市场机遇主动抢占市场份额，津兰电缆厂和津兰化工有限公司提质降耗、保证利润收入；津兰轧钢厂加大催收力度，减少应收货款；津兰药业实现扭亏为盈；津兰胶鞋厂、无氧铜材厂、津兰拔丝厂等生产经营以及第二轴承厂出租均完成年度任务指标；家电商城实现与旧物市场合并，完成 2500 平方米配套库房建设；完成桑塔纳维修中心合作开发和建设工程；完成与珠海合作超市项目的合同签订及前期工作；完成第二轴厂部分厂房出租。全年实现利税 2150 万元。

2000 年，化工厂投资 247 万元开发延伸产品，组建合资企业生产部。同年，调整产业结构，成立技术产权股份有限公司，完成 PEX 地板辐射采暖管材项目。

是年，津兰集团学习外地经验，推行目标成本管理进入重要阶段，提出“抓营销、占市场，抓管理、增效益”治企思路，在内部 14 个工业企业推行目标成本管理，使企业经济效益稳步提高。

2001 年，投资 240 万元，完成欧亚新型建材公司筹建。完成与中国香港（意大利）合资生产冰淇淋项目的签约工作，完成康美乐食品公司的厂房租赁，药业公司厂房租赁签约，引进开拓旧机动车市场的交易规模。

2002 年，集团发展成为拥有多家工业、商业、贸易实体的综合性集团公司，逐步形成以化工、金属制品工业为基础，以高科技制药为龙头，集食品饮料、橡胶制品、有色金属、电线电缆、仓储运输、国际国内贸易、大型商业购物市场为一体的多产业结构群体。是年，集团拥有 25 家工业企业和 11 个商贸企业，安排村内外 1600 人就业。

2004 年，处置剥离集团公司和兰化染料厂不良贷款 4537 万元。

2005 年，津兰集团开始由集体所有制向股份制、民营经济、个体经济、私营经济逐步过渡转变，并且确定集团产品结构调整向集中发展各类市场、租赁业、金融业、商业地产和现代加工业转变。

2006 年，联村洼两台 200 千伏安变压器增容安装工作完成。完成兰化染料厂在中行贷款本息 2183 万元处置，减少债务 1348 万元。

2007 年，确定建设村东 20 万平方米商业设施，调研选址搬迁。

全面向第三产业转型　2008 年，根据天津市区发展战略，加大产业结构调整力度，将钢丝厂、胶鞋厂、福利化工厂、染料厂等耗能高、污染大的企业关停。此后，以津兰商贸街为核心，引进汽车品牌专营店、完善旧车交易市场和津兰农贸市场，初步形成以第三产业为主的集团行业新格局。开工建设商品房 3.7 万平方米；投资 600 万元建设旧车交易市场。完成津兰商贸街 30 万平方米商业设施建设的前期准备，与集美控股集团有限公司（以下简称“集美集团”）签订 15 万平方米租赁协议。

2009 年，农贸市场对内部肉类区、副食区进行封闭式改造；家电商城对供水管网、道路、房顶进行改造；旧车市场对经营场地遮阳棚进行改造；电缆厂、津兰仓库对厂房设施进行修缮；津兰药业完成 GMP 认证复验；兰化染料厂、津兰化工厂关停后对库存设备进行清理并对生产车间进行改造。是年，集团所属企业参加全年分配合同制工人 386 人，临时工 116 人。

向现代城市化经济跨越 2010 年，津兰国际商贸中心项目竣工并投入运营。项目建筑总面积 30 万平方米，总投资 12.6 亿元，被列为西青区和天津市重点工程项目。该项目的建成从建设规模、工程质量、建设速度、规划审批、配套协调、资金筹措、招商引资及大比武迎检等都堪称津兰集团建设史上的典范。天津津兰国际商贸中心（A、B 座）完竣租售，引进集美集团建材市场。是年，高层住宅楼 C 座底商及地下车库投资建设，A、B、C 座地面道路、地砖铺设及供暖管网、煤气、电视网络工程完成。

2011 年，完成津兰国际商贸中心向集美集团的移交并从 6 月开始起租；完成对渤海银行的三期注资。关停长期处于亏损状态的津兰药业并对成品库存和闲置设备进行清理、出售；对津兰电缆厂进行部分设备更新改造；兰化染料厂办理注销手续。

2012 年，引进北京波士通达汽车销售服务公司与津兰药业有限公司的租赁合作；引进北京鑫统集团公司与津兰商贸中心 B 座的租赁合作；引进盛世惠泽集团开发辛院土地的合作；引进中行西青支行在村内 C 座底商布点租赁合作；完成与高庄子村租赁土地的合作。完成试剂二厂地块的规划、报件、审批，完成小市场 5 万平方米大楼规划、报件、审批，完成对联村洼地块、石庄子地块、村中旧车市场地块和村河南 4 块土地的初期规划整理。

2013 年，通过与 30 多家企业单位接洽，确定商贸中心 B 座的招商定位。津兰投资发展公司与三亚千喜旅业有限公司签订开发三亚迎宾路地块合作协议；完成海南万宁宝隆公司、天津市利同商贸公司注册，完成滨海联投公司增资注册。

2014 年，完成津兰大厦扩增容积率；完成津兰大厦开槽、地下基础施工、主体 13

层施工；完成试剂二厂 6 幢公建项目的证件办理、招投标和进场施工，年底实现主体封顶；完成村庄东大门的设计和主体施工。是年，完成融资近 5 亿元，新增融资 7000 万元，完成倒贷 2.05 亿元，还贷 1.8 亿元、付息 5600 万元。在村民中开展有偿筹资，筹措资金 3.5 亿元。

2015 年，推进招商和土地开发。启动与韩国公司的招商接洽，启动与华夏未来教育集团的招商接洽，启动与北京外迁市场商户的招商接洽。全年完成融资到位 4.7 亿元，完成倒贷 1.52 亿元，还贷 2.13 亿元，偿还利息 1.11 亿元。

2016 年，成功引进"温州国际服装城"进入市场。与甘肃吉林兰天集团公司签订津兰国际商贸中心 A 座和 B 座的租赁协议；与温州国际商贸城正式签约，引进温州国际服装市场和小商品市场。筹建天津津澳国际贸易服务合作有限公司。全年完成融资到位 2.83 亿元，完成倒贷款 8500 万元，完成归还到期贷款 2.99 亿元，全年支付融资贷款利息 1.27 亿元。

是年，津兰集团拥有合资、独资及参股企业 10 余家，成为天津商汇控股有限公司（渤海银行）、天津农商银行股份有限公司、天津西青国开村镇银行股份有限公司、天津滨海联投有限公司、天津达仁堂京万红药业有限公司等多家集团企业的股东之一。拥有员工 2600 人，其中中高级专业人员 300 人。

◉ 集团效益

自集团成立后，虽在特定时段受到国际金融风暴和国内经济形势影响，效益受到冲击，集团及时调整应对措施，企业运营仍处上升趋势，工业产值、实现利税和总资产持续增长。天津市对城郊生产性企业政策调整后，集团关停了所有污染性生产企业，经营方向向现代城市商业经济转型，以房地产为龙头，打造楼宇经济平台，"筑巢引凤"，为村经济发展带来新的活力。同时调整投资方向，陆续向京万红药业公司、商汇控股公司、农商银行、西青国开村镇银行等有较高合作价值的企业投资，使集团收益稳中有增，津兰集团资产总值持续增长。至 2016 年，资产总值由成立时的一亿多元攀升到 60 亿元。

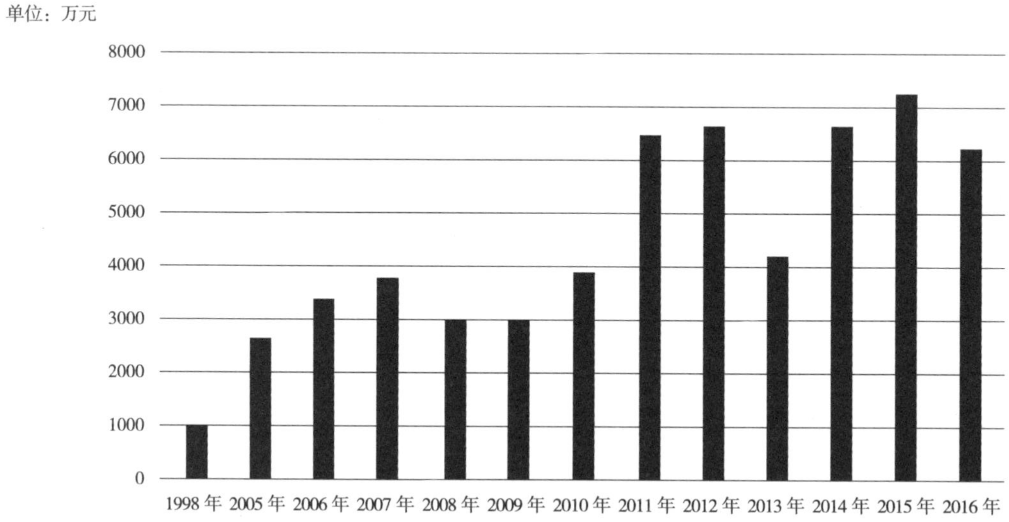

1998—2016年部分年份津兰集团利润统计示意图

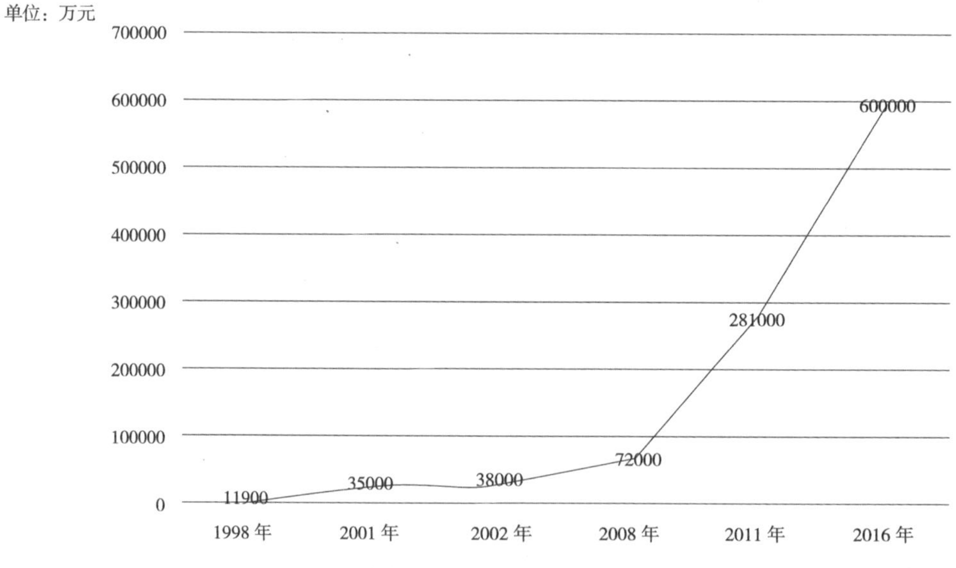

1998—2016年部分年份津兰集团资产总额变化示意图

链接：

目标成本管理效果好 [①]
——津兰集团公司推行目标成本管理的经验

橡胶制品、有色金属、电线电缆、仓储运输、国际国内贸易大型商业购物市场并举的多产业结构群体。目前该集团公司拥有总资产3.5亿元，其中固定资产1.9亿元，流动资产1.6亿元，1994年被国家体改委和农业部批准为全国首批国家级企业集团公司。

近年来，随着集团公司规模的不断扩大和面对激烈的市场竞争，集团公司贯彻区街主管部门提出的“学习邯钢经验，推行目标成本管理”的要求，积极开展目标成本管理，取得很好的成效，促进了集团经济的稳步发展。本文对他们推行目标成本管理的主要经验作些介绍。

领导重视，营造推行目标成本管理的好环境

集团公司从实行成本核算到推行目标成本管理的经历，是逐步认识、提高，不断改进、完善的过程。

从1984年到1989年的6年中，是该集团公司组建崛起的重要阶段。在此期间，他们先后组建了以金属制品工业为基础的王兰庄拔丝厂、轧钢厂和预应力钢丝厂，以化工产品为基础的兰化染料厂、津兰化工厂、津兰油漆厂等十多家工业企业。当时由于缺乏经验，财务和成本核算很不完善，而是年终采取淘干拾鱼的办法，才知道经营成果。忽视财务管理和成本核算的教训极为深刻。例如扎钢厂由于成本核算不完善，导致产品定价不实。1998年年底会计账面反映盈利70万元，而企业实际亏损达110万元。这一严重问题引起了集团公司领导的高度重视，深刻认识到企业必须搞好成本核算工作。

从1990年到1996年7年中，集团公司强化了对下属各个企业的财务管理，规范了成本核算制度。他们先后在兰化染料厂、津兰钢丝厂和津兰扎钢厂聘请了经验丰富的国营（有）企业会计师，以点代面地实行“一帮二带三提高”的

---

① 作者庞世和，原载中国知网《中国乡镇企业会计》2002年01期。

办法，建立健全成本核算体系，从而正确地反映了企业的经营成果，促进了经济发展。

从1997年到2000年是他们学习邯钢经验，推行目标成本管理的重要阶段。随着市场经济的激烈竞争，该集团公司领导及时调整了经营思路，在学习邯钢经验中及时提出了“抓营销、占市场，抓管理、增效益”的思路，与此相适应，大力推行了目标成本管理。为了把推行目标成本管理工作落到实处，该集团公司一把手亲自带领领导班子成员以及各个企业的厂长、主管会计到开展目标成本管理工作的煤化工厂学习取经，然后在该集团公司内14个工业企业中经过试点后，推行了目标成本管理，使这些企业的经济效益稳步提高。领导的重视支持，营造了集团公司各企业推行目标成本管理的好环境。

推行目标成本管理的具体办法

建立完善企业内部管理制度 推行目标成本管理，首先要有一个完好的企业内部管理制度。为此从1990年起，他们在集团公司所属企业中建立了四科一办管理机构，实行责任制。即生产科负责企业生产设备管理，技术科负责企业产品的技术工艺、质量及新产品开发，供销科负责原料的采购供应和产品销售，财务科负责企业的资金调配、财务管理、成本核算，办公室负责企业各部门之间的工作协调。各科室的各项工作明确职责、落实到人，集团公司颁布了企业管理制度细则，为推行目标成本管理奠定了基础。

建立管理体系

为推行目标成本管理工作，他们建立了一套以财务监督约束机制为中心的管理体系。在集团公司成立了财务管理部，负责对所属企业的财务监督和业务工作指导，各企业都建立了财务科，配备专职财会人员。为适应推行目标成本管理的需要，完善原料库、辅料库、成品库的管理制度。目前该集团公司拥有专职财务人员45人，全部实行持证上岗；有各类保管人员60多人，全部达到中专以上文化程度，并接受过专业培训教育。这些管理体系的建立，为推动目标成本管理，起到了组织保障作用。

设立企业的成本管理目标 推行价格预测倒扣计算方法。具体做法是以市场竞争的最低价格，减除应缴税金和目标利润后，将各企业应控制达到的目标成本下达给企业，再由各企业结合集团公司下达的目标成本，层层下达到企业的各车间、各部门进行严格控制，并与各车间各部门的职工工资挂钩。

实行目标管理承包制。他们依据量、本、利分科，确定目标产量、目标利润和目标成本，用经济承包合同将目标成本、目标利润承包给各个企业，作为考核企业制订分配政策的主要依据。

实行严格的审计制度 建立严格的原材料消耗、辅料消耗及工资费用内控制度。严格执行了对所属各个企业的非生产性开支审批制度及固定资产投资审批制度。各个企业的非生产性开支，固定资产投资必须经集团公司总经理审批，凡未经批准的非生产性开支及固定资产投资一律不允许列支入账。

建立一年两次的审计制度 在集团公司领导支持下，每半年由集团公司财务部牵头，组织各个企业主管会计进行轮流审计，年终进行目标利润和分配前的全面审计，并将审计情况以书面报告上报集团公司领导，作为考核目标成本、目标利润完成情况，确定企业分配的主要依据。

取得的成效

推行目标成本管理，促进了集团公司经济稳步发展，提高了经济效益。例如首批推行目标成本管理的兰化染料厂，在近年化工产品销售不景气的情况下，推行了目标成本管理，强化了各道工序的管理，使主要原材料工业萘的单位消耗保持在 1.2 吨，比国家工业消耗 1.5 吨的标准降低 0.3 吨，仅此一项每年可增加利润 140 万元。再如津兰化工厂生产的玫瑰精产品，单批收率一直保持在 85%~87%。通过推行目标成本管理，实行与生产工人的超产奖金挂钩，2000 年每批收率提高 5% 达到了 92%，其中拿出 2% 作为生产一线职工奖金，80% 增加了企业经济效益。仅此一项 2000 年该企业增加利润达 80 多万元。其他各企业在推行目标成本管理增加企业经济效益方面也都发挥了重要作用，使集团公司在经营状况不景气的情况下，销售收入不减，完成的利税不减，保持了稳步发展的好势头。

◉ 主要行业

津兰集团成立后，所属企业经营范围涉及多种行业门类，除兴起于早期的化工行业、冶金行业等仍在继续延伸外，房地产开发、中西制药、金融投资、租赁服务等行业也相继产生并得到发展，产业结构持续调整，集团发展充满活力。

房地产 1992 年 8 月，天津市津兰房地产建设开发公司成立。是年，公司在河西区利民道 1 号路开发建设兰苑公寓，项目占地 14.2 亩，总建筑面积 3.58 万平方米，于 1993 年 8 月竣工并投放市场。10 月，开发建设南开区吉安里商品房，项目占地面积 12.2 亩，楼高 8 层，总建筑面积 2.02 万平方米。1995 年，因经营亏损，停止商业运营活动。此后主要担纲集团开发的房地产项目运作，不再进行项目开发建设和销售活动。2000 年，天津市第一中级人民法院受理津兰房地产公司破产还债案，由天津市委党校津和清算事务所接管。2001 年，津兰集团投入 200 万元，完成津兰房地产公司两片房地产遗留配套工程及物业托管、供热托管、商品房进件办证，津兰房地产破产清理基本完成。

1995—1998 年，集团投资 2090 万元，购置梨园头村 86 亩坑塘、小倪庄村 22 亩坑塘、李七庄氧气厂 6.4 亩土地，收购兼并天津市第二轴承厂 40 亩占地和所属厂房设施，使这些土地成为王兰庄村的“战略储备”。还与多家房地产开发公司合作开发村北 400 亩土地项目，3 年创收 1.6 亿元。

1999 年，完成桑塔纳维修中心建设工程；完成购买第二轴厂土地、梨园头土地、小倪庄土地、氧气厂土地的手续变更工作；完成对第二轴厂部分厂房出租。

2005 年，完成兰珠超市的各项清理，旧机动车市场的改造搬迁，村西 5 万平方米住宅楼勘探、设计、打桩工程，村南及联村洼地带拆迁清理，卫津南路商贸街整体规划及报批，津兰药业生产线的投资改造，购买津广房地产公司的项目运作，购买辛院土地、静海神特土地的前期调研并预付部分定金，租用辛院 135 亩土地并投入资金 700 万元完成基础工程。

2006 年，房地产业销售总收入 3960 万元，纯利润 400 万元。投资 2900 万元，完成辛院土地租赁近 4 万平方米物流项目建设，当年见效；投资 1600 万元，完成联村洼一排、二排市场建设，建筑面积 2.89 万平方米，修建水泥路面 1.28 万平方米，铺设地砖 2.86 万平方米，建设罩棚 4000 平方米，保证卫津南路沿线小市场和农贸市场年底以前按时搬迁；投资 1.2 亿元，完成收购辛院 200 亩土地及部分地上物拆迁。完成静海神特土地项目的收购。

2007 年，完成静海神特房地产项目的出让，纯收入 300 余万元；完成农贸市场地面硬化、罩棚改造。村民住宅楼三期项目投资 3000 万元。投资 400 万元完成三期项目地高压线路的拆除，完成 8 栋楼房的装修和新开工 4 栋楼房的主体封顶，完成 B 区开门和村中小市场的投资建设，完成3.5万平方米高层住宅的打桩和煤气管道输入工程的调研论证。

2008年，投资9500万元，完成6万平方米住宅楼工程。投资350万元，完成王兰庄中心公园投资改造工程。投资40万元，完成村民住宅楼B区粉刷工程。

2009年，村小产权高层楼房项目封顶，总建筑面积3.7万平方米；内外装饰、电梯安装完成，具备对外销售条件。完成C区道路硬化、地砖铺设等工程和有线电视网络安装；完成A、B区自来水管网改造、停车场改造工程；完成A区涂料粉刷工程；完成小区柏油路面的挂被工程。

2013年，完成村东津兰集团大厦双子座项目的报件、招投标，年底施工队进场并完成基础打桩；初步完成对联村洼、村中、村南、村西、石庄子、村东6块土地的规划、分析和概念性设计测算；基本完成试剂二厂地块的报件手续；完成津兰国际商贸中心办理产权证报件手续；完成老村台生态体育公园的绿化提升改造；完成集团公司办公楼的装修改造；完成农贸市场主干道路挂背改造；完成家电商城商住楼的维修改造等工程。

2014年，津兰集团大厦完成开槽、地下基础施工、主体13层施工。试剂二厂6幢公建别墅项目主体封顶。完成村东大门设计和主体施工。经与市、区规划部门、土地部门协调，将村南4号地由规划绿地变为住宅建设用地，将联村洼土地由规划公园用地调整为住宅用地，使两块土地进入开发市场。

2015年，津兰集团大厦完成主体封顶和内、外部装修。试剂二厂6幢公建别墅楼项目完成顶层挂瓦、外檐石材装修、内部装修及地下室工程。完成村东大门的装饰工程。利用区、街帮扶资金，完成A区、B区楼房外檐粉刷、地面铺装改造和绿化提升改造工程。

2016年，推进在建工程建设和土地开发报件工作。津兰集团大厦工程项目基本完成外檐石材装修和内部装修工程；试剂二厂6幢公建别墅工程项目完成外檐石材装修和内部配套设施的完善，基本具备对外出售的条件。三亚迎宾路地产项目定盘就绪，组织施工队伍开工建设。村中、村南、村西3号地、4号地、9号地3块共274亩地块报件进展平稳。

制药业 1994年，津兰企业总公司投资285万元，购买李七庄乡卫生院药物制剂厂，整合兴建津兰药业有限公司（以下简称津兰药业）。津兰药业主要生产和经营大容量注射剂、硬胶束剂、片剂、酊剂等产品。1995年，津兰药业在西青区工商局登记注册，注册资本800万元。1996年，完成津兰药业现有生产线的“填平补平”项目。1998年，津兰药业通过开拓大输液和抗生素市场，减少亏损额约100万元，研制开发3个新品种。1999年，津兰药业实现扭亏为盈。2004年，投资230万元，购买凌庄子村氨凌制药厂全部设备、材料及成品药品。2005年，完成对津兰药业生产线改造。2006年，因企业管理、市场开发等因素，利润指标未完成并出现亏损。2011年，由于长期亏损，津兰药业在津兰集团产业结构调整中被关停，对成品库存和闲置设备进行清理、销售。

2003年12月，津兰集团以1890万元成交价格受让天津市医药集团有限公司所持天津达仁堂达二药业有限公司48%产权份额（账面资产净额1555.02万元，资产净额评估值1830万元），经市政府国有资产监督管理委员会评估鉴证成为达二药业第二大股东。

2012年，京万红药业年销售收入额突破2亿元，利润突破2000万元。2015年，津兰集团利润分配1505万元。

附：天津达仁堂京万红药业有限公司

天津达仁堂京万红药业有限公司为中华老字号企业，与北京同仁堂“乐家老铺”同祖同宗，一脉相承，同为乐家老铺的承袭者。1981年12月，天津达仁堂达二药业有限公司成立；2007年12月更名为天津达仁堂京万红药业有限公司（简称京万红药业）。

京万红药业拥有软膏剂、胶囊剂、酒剂等7个中药剂型和包括国家级品种京万红软膏在内的8个独有的自主知识产权品种：京万红、京万红痔疮膏、橡皮生肌膏、顽癣敌软膏、痹祺胶囊、消食退热糖浆、益肾液、小儿和胃丸以及4个国家中药保护品种：京万红、风湿液、国公酒、消食退热糖浆。在产90多个品种，产品行销东南亚、欧美等地区和中国香港、澳门地区。京万红系列产品获誉丰硕：1983年被评为国家优质产品；1984年被评为国家银质奖、首届北京国际博览会金牌奖；1990年获“中国妇女儿童用品四十年”博览会金奖；1994年获天津人最喜爱的消费品称号；1998年在西班牙马德里获国际质量管理金奖，并被确认为外地市场受欢迎的天津产品；2001年被科学技术部、国家保密局确定为国家技术秘密项目；2003年被列入全国急诊必备用药、国家基本药物目录及医保目录；2005年被评为天津最具影响力品牌。

企业成立30余年来与其产品同样载誉不断，先后获国家高新技术企业、全国“守合同、重信用”企业、全国模范劳动关系和谐企业、全国中医药文化宣传教育基地、天津市非物质文化遗产保护示范基地、天津工业旅游示范企业等众多荣誉称号。京万红药业始终恪守“品位虽贵必不敢减物力，炮制虽繁必不敢省人工”和“修合无人见，存心有天知”的乐家老铺祖训，同时确立“永远不埋怨、永远找差距、永远有机会”的企业精神和“构建和谐，追求品质”的核心文化。

金融投资 2003年，投资2.43亿元参股金融机构，包括天津商汇投资控股有限公司投资2亿元、天津农商银行投资3300万元、西青区国开村镇银行投资1000万元。投资2.2亿元进行合资建设，包括京万红药业投资1880万元、滨海联投投资900万元、辛院地块投资6400万元、试剂二厂地块投资4000万元；完成村高层住宅楼建设3.7万平方米，投资9000万元。

2006年，追加投资渤海银行7000万元；投资参股农村合作银行2800万元。

2011年2月，津兰集团动用资金1000万元，向西青国开村镇银行有限责任公司出资入股。筹措资金8000万元，完成对渤海银行三期注资。同年，金融投资收益500万元。

2013年，京万红药业拿出近千万元进行股东分配，村中分得48%股份所得。天津商汇控股有限公司、农商银行和西青区村镇银行经济运行平稳。

2012—2014年，津兰集团对各大投资机构三年完成增资扩股3020万元，其中增资滨海联投1980万元，增资西青国开村镇银行650万元，增资农商银行390万元。

2014年，对外投资实现收益4000万元，其中滨海联投、农商行、西青村镇银行、天津商汇控股有限公司按10%分配率收入2500万元；京万红药业实现分配收入1500万元。同年，根据对外投资企业发展需要，完成增资扩股2095万元。其中，增资滨海联投1080万元，增资农商银行390万元，增资西青国开村镇银行625万元。

2015年，对外投资实现收益4005万元。其中滨海联投、农商行、村镇银行、商汇控股按10%收入，实现利润2500万元；京万红药业实现利润1505万元。

租赁服务 津兰集团房屋租赁业务始于1995年。20世纪90年代中期，筹资兴建起当时中国北方最大的电器批发市场——天津家电商城，并将占地6万平方米物业全部出租。1998年，租赁收入550万元，销货值近5000万元，实现利润150万元。1999年，家电商城与旧物市场合并，成功吸引国美电器进驻经营。同期，津兰集团投资 2400 万元建设津兰海鲜城，收纳水产品经营商户入驻。

1997 年，建成旧物调剂市场和小商品批发市场。1998 年，小商品批发市场通过完善改造和加强管理，完成利润 110 万元。

2005 年，商业租赁业总收入 5744 万元，纯利润 2691 万元。2006 年，商业租赁业总收入 3840 万元。2009 年，租赁及三产收入 2513 万元，纯利润 1291 万元。津兰集团于年初注册成立天津市津兰房屋租赁服务有限公司，主要经营房屋租赁业务。

2010 年，津兰集团租赁收入 3083 万元，纯利润 1757 万元。其中商城、仓库租户完成税收额 2157 万元，占比 56%。

2014 年，商贸区域内租赁企业完成税收金额 5009 万元，占集团年度税收总额 57.9%。

2016 年，温州国际商贸城、天津东疆港保税区等集团企业正式签约入驻津兰国际商贸中心。

重大工程项目

20世纪90年代始，王兰庄村实施多项重大建设工程，除部分项目为村民住宅楼外，多数项目为商品住宅和商业群楼。其中投资数千万元以上的工程有：家电商城、玉岱兰亭商务中心、津兰商贸街、商品房。投资过两亿元的有津兰集团大厦。投资超过10亿元的津兰国际商贸中心为天津市重点投资项目，成为天津地标式建筑。这些商务性大工程都成为村集体经济发展的平台和柱石，经多年经营，给村庄带来可观的经济效益。

每一个大项目，是村庄经济发展的新阶梯。
每一项新决策，是王兰庄人意识的新拓展。

◉ 家电商城

1995年9月，村家电商城项目获得天津市商业委员会批复。1996年5月，西青区计划经济委员会批复商城配套综合楼项目。王兰庄遂动工修建当年中国北方最大的家用电器批发市场，历时8个月竣工。

商城位于津淄公路东侧、外环线以北，原津兰仓库院内。1996年5月注册，总投资3500万元，占地6万平方米。1999年，家电商城贯彻集团总体思路，与旧物市场合并扩大规模，成功吸引国美电器进驻商城。

2008年，家电商城重新调整，国美电器、苏宁电器等集团公司入驻商城，小商户逐步退出市场。

2009年，家电商城实现利润收入400万元。

◉ 津兰国际商贸中心

2007年，津兰集团兴建津兰国际商贸中心（以下简称中心）。

中心位于津兰商贸街北端、天津城市快速公路中石油桥以南、卫津南路东侧，为5层封闭式超大市场，开辟了西青区发展商贸物流、打造高端服务先河。2009年，被天津市列为重点投资项目，被市商务委员会列为十大市场建设项目之一。

中心项目总投资12亿元，项目占地10万平方米，总建筑面积30万平方米。A座、B座大厦沿卫津南路依南北并列而建，是天津市南部一个集现代物流、专业市场、餐娱健身及酒店公寓为一体的综合卖场，于2010年11月开业。中心成功引进集美控股集团有限公司入驻，于2011年6月完成整体移交，开始起租。集美集团入驻后，中心主要有家具、建材、灯具、家饰、家装和家电等规模化专业市场和厂商直销店，高档餐饮、娱乐及金融服务等店铺。

中心配置有先进的附属设备。屋顶设停车场，拥有5万平方米，借鉴国外高端卖场，创造双首层的商业经营运作模式，节省地面停车占地面积，顺势引导客流购物由高往低的顺序流动。

中心位于周边约1000万平方米住宅区及梅江高端住宅区相配套的大型商业中心。面临卫津南路快速路，规划地铁5号线、7号线分别从中心西、北两侧贴近通过。四周为市政府规划的环形路网，货物进出和顾客购物便捷。南侧为天津城市外环线，邻近天津通往河北、山东、山西及华北、华南的6条高速公路网，交通条件便捷，辐射区域广，是当时天津市乃至全国单体最大、设施最全、购物环境最佳、交通最便利的一站式专业市场。

津兰国际商贸中心内景

◉ 津兰集团大厦

位于卫津南路与集美道交口，北起鸿润装饰城、南至集美道、西起卫津南路、东至王兰庄村土地临界点，即原王兰庄小商品批发市场所在地。项目占地面积 1.6 万平方米，规划建筑面积 6.5 万平方米。项目 2014 年开工，2016 年竣工。

津兰集团大厦双子座项目规划为总部经济港和高端写字楼（含快捷酒店）。其中 A 座为津兰集团大厦，建筑面积 4 万平方米；B 座为高端写字楼，建筑面积 4 万平方米。A、B 座均为 23 层，总投资 2.02 亿元，面向国内外商家招商。项目用地性质为集体建设用地，地址四周通畅，周边紧邻高端住宅区和高端商业集群，与津兰国际商贸中心毗邻呼应。

◉ 津兰商贸街

首创于 20 世纪 90 年代末，初为村自建项目。1996 年始，相继在村东卫津南路沿线开发建设家电商城、津兰海鲜城、旧物调剂市场、王兰庄小商品批发市场、旧机动车交易市场、食品批发市场、农贸水产批发市场、汽车维修中心等大型封闭市场和开放式商区。2002 年，津兰商贸街一期工程完成占地 5 万平方米现代汽车商城建设，从而形成 1.5 千米、占地 30 万平方米的新、旧汽车交易市场、汽车用品市场、配件市场、检测维修中心、摩托车交易中心、汽车美容中心、汽车信息中心等多种业态经营模式的综合型汽车市场。

2006 年，投资 1600 万元，完成联村洼一排、二排市场建设。

2007 年，实施卫津南路东侧沿线地区 1.5 千米津兰商贸街进行升级改造。规划建设 14 个主项目，总建筑面积 90 万平方米，功能定位为商业出租。2010 年，商贸街第一个主项目津兰国际商贸中心项目竣工。2013—2016 年，商贸街主项目之一津兰集团大厦项目建设完成。

◉ 玉岱兰亭商务中心

玉岱兰亭商务中心又称试剂二厂公建房、高端商务别墅项目。

位于卫津南路、津港运河以西，集美道、王兰庄花园旁，原天津试剂二厂所在地。

2009年，津兰集团投资4000万元成功购买试剂二厂土地14亩，完成土地产权移交、款项支付等手续。2010年，按规划开发建设6300平方米住宅楼。

2011年，完成土地过户、规划、设计、报批等手续。2012—2013年，完成该片土地的规划、报件审批手续，最终确定为6幢公建别墅楼，项目进入实施阶段。2014年10月，项目办件、招投标等各阶段程序完结，12月工程完成主体封顶。2015年，完成顶层挂瓦及部分外檐石材装修、部分内部装修和地下室装修工程。2016年，完成外檐石材装修及内部配套设施的完善，具备对外出售条件。同年，完成对外出租1套，完成对外销售3套。

中心占地9200平方米，总建筑面积1.19万平方米，土地性质为国有建设用地。建筑形式以庄重、大方、简欧式风格为定位，采用现代建筑装饰材料和施工技术做重点处理，别具特色的建筑形象为天津城南增添一道景观。

村委会办公楼

美丽乡村建设

20 世纪 90 年代起，王兰庄村开始社会主义新农村建设，历经旧村改造、“王兰庄花园”及各项基础、配套设施建设，由一个普通的北方农村一跃成为具有欧式建筑风貌的花园式住宅小区，环境优美，村民富足幸福，获评为“天津美丽乡村”，成为新农村建设的典范。与此同时，高度重视精神文明建设，积极参加西青区文明城区、文明村镇创建活动，建有天津村级最大图书馆、天津“一二·九”抗日救亡运动纪念馆等多项文化设施，常年开展各种形式的文化活动，进行精神文明教育，提高村民的道德水平和文化素养。王兰庄村多次获得市级文明村、示范型“文明生态村”“市级美丽村庄”和“天津市美丽宜居村庄”等称号。

◉ 基础设施

村街道路

20 世纪 70 年代前，村内道路皆为土路，高低不平，宽窄不一。雨雪之后，道路一片泥泞，人们行路不便，卫生难治理。1979 年始，修建村西南至津淄路水泥路 1 千米，并逐年使村街道路硬化。1988—1991 年，村集体投资整修村内主要干路，铺设柏油路 9913.1 平方米，修建水泥路 2450 平方米，新修村街路下水道 1496 米，改造下水道 1700 米，结束王兰庄村“雨天踩黄泥”历史。1994 年，改善、铺设 2 万平方米的水泥路和柏油路。1995—1998 年，投资 300 多万元完成村北桥梁建设工程，完成村西 3 万平方米住宅楼房“三通一平”工程。2000 年，实施中心公园道路铺装，累积动土 1.85 万立方米，平整场地 9000 平方米。2001 年，新建通往村内道路桥涵 4 座，完成小区内道路工程。2003—2011 年，完成村中道路硬化、小区柏油路面的挂被、地砖铺设。

2016 年，村街道路有鑫通道、宝带路、昌凌路、雅乐道、集美道、绥江道、雅江道、大任庄路、玉带路、星都路、华兰道、瑶环路、瑞佳路、淄环

村景一角（2016年）

路、津港运河西路等 15 条，全长 15 千米。

鑫通道 位于王兰庄花园南侧。路面宽 16 米，东西走向，从卫津南路至外环线，长 1911 米。

宝带路 从王兰庄村南外环线贯穿至村北丽江道。路面宽 16 米，长 2294 米。

昌凌路 位于村西，南起淄环路，北至津涞路。路面宽 30 米，长 2469 米。

淄环路 位于王兰庄花园南侧。东西走向，从卫津南路至外环线。路面宽 30 米，长 2590 米。

津港运河西路 紧靠王兰庄花园小区东侧，南北走向，道路宽 6 米，长约 700 米。

附：客运站

王兰庄长途客运站位于温州国际商贸城内，于 2016 年 12 月正式通车。作为深化京津冀一体化发展，承接北京大红门、天津大胡同商户转移、汇集全国各地商户资源的重要商业载体项目。为完善商贸中心功能设施，为市民和商户提供便捷的购物交通环境，王兰庄客运站与天津通莎客运站强强联合，线路覆盖范围是针对商户和采购商所在地区设置的。站内配备扫描式安全检测仪，行包托运处，还设有无障碍卫生间、进口直饮水设备等。车站全天候开放车站服务区、行包寄存处、残疾人休息区、候车休息厅。已开通北京、河北、山东等地20多条线路，北至张家口张北；南至东营；东至连云港、盐城；西至石家庄、郑州；天津市范围的宝坻、蓟县、武清、静海、宁河、滨海新区；周边三四百千米之内的廊坊、黄骅、胜芳，山东的商河、济阳，和通莎长途客运站接驳，有发往通莎客运站的市内免费接驳车。

供电　照明　20世纪50年代前，村内尚未供电。农业灌溉主要用人力水车，农户照明用煤油灯。1956年开始通电，主要用于农田灌溉。村内有变压器1台，总容量30千伏安，电压220伏。1960年开始向村内供电，用于照明。1961年，农户普遍使用电灯，并有380伏的动力电。1978年始，随着村办企业的发展，村内用电量逐年增长。1988—1991年，集体投资更新架设照明线路。1992—1994年，投资80万元更新管线，解决村中水管、电路老化问题；投资15万元安装闭路电视系统，使全村各户均能观看闭路电视。1995—1998年，投资35万元，为村民安装磁卡电表500余块，铺设铜线5万余米。2001年，完成小区内主干道路路灯及其他配套工程。2000年，在赤龙河两岸安装景观灯、草坪灯各50盏。2003年，完成供电与市区移交并网。2005年，年用电量840万千瓦时。其中村办企业生产用电610万千瓦时，农业用电50万千瓦时，生活用电180万千瓦时。2006年，完成小区双向电源及箱式站改造。2016年，村内有路灯300盏，变压器16台，总容量8520千伏安。企业有变压器8台，容量22000千伏安。变压器总容量达30520千伏安。

给水　排水　解放前，域内村民主要饮用井水、河水。井水盐碱度高，吃水既不方便，又不卫生。逢枯水期，水位下降，造成取水困难。20世纪60年代末，村内开始饮用自来水厂的净化水。70年代中期，村内铺设自来水管道，引水入户，改变只在村内设供水点、村民取水靠手提肩挑的状况。

2000年，村民搬进住宅楼，村内给水排水均与市政管网接通。2001年，完成地热井开发工程。2009年，协调市自来水公司，对全村自来水管网进行改造，将原管网中易生锈的 8 寸铸铁管全部更换为 8 寸 PPR 管材，使全村百姓能够饮用到更加清洁的自来水。

80 年代前，村庄内的雨水、污水，全靠自然排泄、蒸发，雨天道路泥泞不堪，风天尘土飞扬。自 70 年代末，村内进行污水排放治理，铺设下水管道 1200 米，设污水池 8 个。1988—1991 年，集体投资新修下水道 1496.3 米，改造下水道 1700 米。1995 年，投资 10 万元建成村东泵站，解决工业排水问题。

供气　供暖　自古以来，村内农户以农作物秸秆和柴草为主要燃料，烧火做饭，兼温火炕取暖。二十世纪六七十年代菜田日益增多，粮食作物以水稻为主。因此，农作物秸秆日益减少，便辅之以煤火。80 年代，大多农户不再垒锅台和火炕，做饭以煤和液化气为主要燃料。1999 年，新建供热站及小区附属设施近千平方米。2008 年，投资 500 万元，完成全村 A 区、B 区煤气输入改造工程。

80 年代，村中冬季用煤火取暖，少数户用上家庭土暖气。1994 年，新建的 3 栋住宅楼安装集体供暖设施。2010 年，完成全村小区的供暖并网工作，与供暖部门签订供暖协议，从 2011 年冬季并网供暖。2015 年，协调市、区供热部门和 B 区村民，配合供热部门完成对 B 区 220 户供暖管网改造。

◉ 王兰庄花园建设

20 世纪 80 年代起，王兰庄人利用近郊得天独厚的地理位置，率先发展经济，成为天津收入最高的村庄之一。集体资产扩大后，开始实行平房改造，经过三期工程，建成闻名遐迩的王兰庄花园。

2012 年 10 月 18 日，由天津市委宣传部、市文明办、市委农工委、市农委、天津电视台联合举办的“天津市美丽乡村”大型电视评选落下帷幕，王兰庄村在进入复赛的 40 个候选村庄中，以总分第一的成绩名列榜首。

评选依据为“经济发展好、农民收入高、村庄环境美、生态条件优、文化引领强、和谐氛围浓”评选条件，经过电视展播宣传、大众体验团评分、专家评审团实地考察以及集中展示、网络投票等多个环节，从天津市 3800 多个行政村中推荐出 100 个优秀村庄参与评选，经过专家评审确定入围村庄 40 个，参与“天津美丽乡村”最后角逐，最终决选出十大“天津市美丽乡村”。在评选中，王兰庄村经济总量、村民稳定的高收入和福利待遇、舒适的居住条件、天津“一二·九”抗日救亡运动纪念馆、梁斌纪念馆、

新建的王兰庄花园

天津村庄最大的图书馆、书画社、赤龙河故道、老庄台旧址等方面都给评委留下深刻印象，评分居“十大美丽乡村”之首。

一期工程 20 世纪 80 年代前，王兰庄与周围村庄一样，民居低矮破旧、土路晴天扬尘雨天泥泞、村民收入少文化低，与随处可见的北方农村一样寻常，并不为人所关注。

80 年代后期，天津城市快速扩张，使王兰庄与城区的距离越来越近。这时，周边一些村庄已开始进行平房改造，建造楼房，村民中也有人呼吁早日进行村庄改造，村班子在充分尊重村民意愿的前提下，尝试楼房建造。1990 年，村集体投资 200 万元在村东建设公寓式楼房 1 幢，为 4 层砖混结构，入住 36 户。1993 年，投资 450 万元新建 3 幢住宅楼，安置 100 户居民入住。1994 年，投资 600 万元开发建设公寓式楼房 2 幢，入住村民 75 户。1996 年，投资 465 万元新建住宅楼 1 幢，完成村北桥梁建设等工程。

1998年，在有关部门帮助下进行村庄规划，投资3000万元兴建小学教学楼。

1999年1月，经对全村681户村民征求意见，95%的村民支持住房改造。村两委班子结合村民意见，制订出旧村改造方案，上报各级政府。是年春，实施河西B区3万平方米住宅楼工程建设，入住220户。按照市政府指导下制定的《王兰庄村旧村改造规划方案》，除当年落成的5幢楼房和小学教学楼外，村中所有平房、楼房以及所有地面建筑都在拆迁之列。那些未在拆迁范围内的建筑，成为事实上的王兰庄花园建设一期工程。

二期工程 1999年年底，完成村北236户村民拆迁。

2000年年初，王兰庄花园二期工程顺利开工。工程位于村北，共11幢、402套 、5万多平方米。总投资4700万元，历时7个半月，于年底前高质量、高速度完成主体建设。其间，清理拆迁垃圾场数百处，整修赤龙河故道2.3万平方米，沿河梁新建3座桥使村西与村东相连通，建设进村大桥1座，建成公厕3座200余平方米，修建村中街路1.3万平方米，修建楼间人行道路1.98万平方米，完成新村大部分绿化，在儿童乐园建设2处喷泉，完成旧村南片平房拆迁。

2001年年底，天津市规划局组织住宅小区建设评比，王兰庄花园生态小区从包括一些知名建筑集团公司兴建的项目在内的25个入围单位中脱颖而出，以最高分获得3块奖牌。

三期工程 2005年，村民住宅楼三期工程启动。是年，完成村西项目地的勘探、设计、打桩及小区植树、绿化工程。2006年，完成村西8栋4万平方米住宅楼的招标、进场施工。年底，4栋住宅楼完成主体封顶，4栋完成二层、三层主体建设。同时，完成锅炉房西续建4栋住宅楼的规划设计，完成村东河大桥的装饰工程，完善绿化环境和中心体育场设施，完成村民住宅楼产权证办理。2007年，完成8栋住宅楼主体建筑和装修工程，新开工的4栋住宅楼完成主体封顶；投资400万元，完成王兰庄花园规划区内高压线路的拆除，清除住宅楼建设障碍；王兰庄被评为市级生态村。2008年，三期工程基本竣工，工程总投资9500万元，总建筑面积6万平方米；投资350万元对王兰庄中心公园进行改造；投资40万元对B区楼房进行粉刷。2009年，继续投入资金完善小区环境建设。完成C区道路硬化、地砖铺设、煤气输入工程、自来水输入工程和有线电视网络安装工程；完成A、B区自来水管网改造、停车场改造；完成A区涂料粉刷；完成小区柏油路铺设。2010年，高层C座底商房、地下车库建设竣工，完成A、B、C三座高

改造前的王兰庄村旧貌

竣工的还迁楼

层的道路及地砖铺设，完成供暖管网、煤气、电视网络工程，为实现高层区域的对外销售，实现居民入住创造条件。2011 年，为改造提升 B 区环境，对 B 区公园、河道亭水台进行绿化提升改造。完成社区卫生站的装饰、老年活动中心的搬迁。

至此，王兰庄花园建筑工程全部结束。整个工程规划占地 675 亩，建筑面积 18.9 万平方米，总投资 3.3 亿元。其中多层建筑 13.58 万平方米，低层建筑 3.57 万平方米，公建设施 1.8 万平方米。

动迁新居 1999 年 10 月，旧村改造一期工程竣工后，村成立分房领导小组，制订《王兰庄村房屋改造拆迁及还迁楼房方案》，将分房规则交由村民代表大会讨论通过。依据方案，安置村西 220 户居民迁入新居。11 月 3 日，举行现场分房抽号仪式，村北一期拆迁户 220 户业主参加抽号分房。采取二次抓阄方式，先抓顺序号、再抓房屋号，在公证机关监督下当众抽号确定分房结果。

2000 年 11 月 21 日，王兰庄村分房小组发布二期工程分房公告，二期分房工作开

在建中的村桥

竣工后的二期工程

旧村鸟瞰图

旧村图

始，分为两个批次进行分配。第一批次于 11 月 23 日在新楼房前举行现场抽号仪式。此次房源共 402 套，分房对象为村南片、高台片、老楼房片还迁村民共 316 户。剩余 86 套，抓阄分房完成后还迁二轴户、议价楼户。采取二次抓阄方式，先抓顺序号、再抓房屋号，抓阄在公证机关监督下公开进行。400 户村民住进住宅楼，旧村改造取得阶段性成果。

2002 年 12 月 4 日，王兰庄村分房小组公布二期工程第二批次分房方案。针对前二次分房中遗留特殊问题进行调整。至此，旧房改造拆迁、还迁工作基本结束。全村 680 户居民全部迁入新居。

2008 年，王兰庄花园三期工程基本完工，项目为“福利分房”，按照分房日全村实有人口按人分配，村民不交分文便“拎包入住”。经此次分房，村民人均居住面积由 40 平方米增加到 70 平方米，实现每户居住一套、出租一套住房目标，村民称为“另建了一个王兰庄”。

三期工程竣工后民居

◉ 精神文明建设

二十世纪八九十年代，王兰庄文明新村创建与经济发展同步进行，村庄面貌和村民素质得到很大提升。21 世纪，文明村建设力度加大，基础设施和村民文明程度都有质的飞跃，王兰庄成为天津著名的新农村建设典范。

1999—2002 年，连续 4 年获市级文明村称号和市级治安先进单位称号。2005 年，市政府实施文明生态村创建工程，王兰庄村被评为全市首批 25 个示范型文明生态村之一。2011 年，西青区获得国家级生态区称号，王兰庄村为全区 47 个天津市市级文明生态村之一。2012 年，获选“天津市美丽乡村”。2016 年，获选“天津市美丽宜居村庄”。

“文明城区”创建　20 世纪 90 年代后，村两委会坚持开展文明城区创建活动，班子成员分工负责，按照西青区创建全国文明城区测评体系和操作手册，对各项目标任务进行落实。创建中注重提高公民素质、提升综合环境、改善民计民生，持之以恒地推进文明城区创建工作。

1990 年，村投资改善居民生活环境，成立保洁队负责清扫道路和公厕；对建房统一

花园美景

规划，排列齐整；通过宣传和严密细致防范工作，社会治安状况大为好转。

1991 年，对村庄和小区采取封闭式管理，组成一支 20 人治安联防组和 50 人执勤值班队伍，在各企业保卫人员的配合下护厂、护村。计划生育政策得到落实，全村一胎率达到 100%。通过闭路电视和广播宣传法律常识、播放普法录像，增强村民自我防范意识和遵纪守法自觉性。至 1993 年，王兰庄连续 5 年被评为市级治安先进集体。

1993 年，王兰庄被评为“西青区明星村”和“天津市明星小康村”。

1995 年，借鉴张家港市经验，成立村精神文明办公室，指派一名骨干担任文明办主任，负责村中精神文明建设。针对一些青少年法治观念淡薄、道德水准低下的村情实际，以未成年人教育为切入点，宣传、贯彻《中华人民共和国未成年人保护法》，借助社会各界力量、结合青少年家长，通过开办普法培训班、发动普法宣传活动，对现实案例进行剖析等形式，提升保护未成年人合法权益的法律意识。以清洁村民生活环境为突破口，注重提升村民基本素质和文明程度。组织 4 次爱国卫生大扫除活动，在夏季开展以灭蚊蝇、灭老鼠为核心的爱国卫生“清洁季”活动。清洁工人每天清扫街道、公共厕所，运送垃圾，指定专人每天向垃圾站点喷洒杀虫消毒药剂、投放灭鼠药物，全年投放率达到 100%。再次获评天津市明星小康村称号。

1999 年，王兰庄获市级文明村称号。

王兰庄在各项评比中获奖

2000年，加速文化载体建设，引导村民自觉摒弃陈旧落后的生活习俗，倡导文明新风。成立白事理事会，引导村民移风易俗；组织老年人外出旅游观光；成立秧歌队、文艺队等文体队伍，举办文艺演出活动。

2002年，组织春节礼花燃放活动和元宵节大型秧歌队会演活动。9月，举行“王兰庄金秋之夜”文艺晚会。通过遵纪守法、爱国爱家宣传教育和组织义务劳动，村民树立起家庭和睦、敬老爱幼，乡邻友善、恪守公德的良好村风。王兰庄连续4年获市级文明村和市级治安先进单位称号。

2003年，成立村民就业服务站，引导村民就业；成立多种文体队伍，开展群众性的秧歌队、老年舞活动，组织篮球赛事，参加李七庄街农民运动会等。是年，王兰庄获国务院发展研究中心农村部等单位颁发的优秀小康村称号。

2005年，市政府实施文明生态村创建工程，王兰庄被评为全市首批25个示范型“文明生态村”之一。是年10月，获评全国“创建文明村镇工作先进”村镇。

2006—2010年，发挥党员、团员青年、妇女、民兵队伍引领作用，提升村民素质，促进社会和谐。制订并严格执行《王兰庄村（居）民守则》，树立“最美家庭”、“好婆婆”、“好儿媳”、先进模范等典型，采取开办村民学校、读书会、举办科普知识讲座、对集团员工实行规范化管理等方式，创建科学、文明、健康、向上的文明村风。

其间，建成全市最大的村级图书馆和梁斌文学馆、书画苑、老年活动中心等文化活动场所，组建太极拳队、篮球队、柔力球队、合唱团等10多支文体队伍。

2011年，配合区街“综合整治300天”活动，对全村小区进行综合清整，解决脏乱差问题。推进全村制度化、规范化管理，对村中管理制度进行修编，组织村民开展美丽乡村评比活动。是年，王兰庄被评为市级“文明生态村”。

2012年，王兰庄获选“天津市美丽乡村”。

2016年，注重社会治安综合治理和民事调解工作，坚持治安巡逻制度，开展宣传教育工作，维护治安环境的持续改善；强化物业管理、车辆管理制度落实，小区绿化卫生和公共设施得到维护和改善；利用天津“一二·九”抗日救亡运动纪念馆、书画苑、图书馆、体育场、妇女活动中心等精神文明活动基地积极开展活动。开展各项活动14项，天津“一二·九”抗日救亡运动纪念馆接待参观人数达1500人，少儿国学、绘画、书法、太极拳等培训班开班21个。王兰庄获评“天津市美丽宜居村庄”。

小学生到纪念馆参观学习（2016年）

精神文明建设

在文明村创建中，除环境整治、增添设施、制度建设和综合治理外，开展多项精神文明活动。主要有：

未成年人素质培训 2012年始，先后成立国学班、红领巾书法班、红领巾国画班、红领巾读书班等多，由村里聘请专业老师，利用双休日和暑假、寒假，免费对未成年人进行培训，做到不出村就能让孩子们学到一技之长，村里50多位孩子参加学习。在国学班，让3～6岁儿童通过诵读、做游戏的方式，学习《弟子规》《三字经》《论语》《孟子》等经典书籍和孔融让梨等历史典故。组织儿童参加天津广播电台举办的国学开蒙礼、天津市第一届学国学诵经典才艺展示公益活动。开设书法、简笔画班、读书班、跆拳道班、口琴班等，让未成年人从小培养良好的心理品质、道德品质、人生修养和行为习惯。

培育和践行核心价值观 2012年，开展"举全村之力、集全村之智"，培育和践行社会主义核心价值观，开展形式多样、内容丰富的精神文明活动，打造文明社区、美好家园。印发多种宣传材料送到每家每户，利用电子显示屏、宣传橱窗、微信QQ群、楼门告示牌等多种宣传载体，张贴宣传画、倡议书，发布公益广告及各级精神文明创建信息，向群众进行充满正能量的宣传引导，营造人人知晓、人人参与氛围。把学习教育纳入党员干部常年学习计划，组织党员到"天津平津战役纪念馆"参观、参加联村党课。多次开展主题讲座，让老党员、老干部讲述历史。组织培育志愿者队伍，把志愿服务作为培育社会主义核心价值观的重要途径，引导村民关爱社会，弘扬文明新风。

编演情景剧 2012年10月，在参加“天津最美乡村”评选过程中，村民自编、自导、自演反映王兰庄村30年巨变的大型情景剧《最美不过王兰庄》。二十余位村民从写词到配乐，从服装到道具无不亲力亲为，既当编导又当演员，夜以继日地排练，历时二十余天。编排成功后，先后在天津广播电视台、西青大舞台、西青文明成果展、李七庄街庆“七一”联欢会以及村金秋晚会等现场演出多场。

快乐体验道路安全 2013年3月14日，由村委会、李七庄街妇联、大众儿童道路安全体验中心（以下简称体验中心）共同举办的“道路安全体验活动”走进王兰庄村快乐营地。40名儿童及家长参加了此项活动。活动中，体验中心老师通过讲课、模拟、拼图、互动等形式，让家长和孩子们在寓教于乐的授课中熟悉并掌握交通知识，提升安全保护意识。分发安全文化宣传手册，手册涵盖交通安全常识、安全乘车、意外处理等等一系列实用的交通知识。

征文比赛 2016年8月，开展“我的书屋我的梦”征文活动及“品读好书，传承文明”活动。活动以农家书屋为平台，向青少年开展爱国主义教育、科普宣传、安全教育等活动，旨在不断完善农家书屋管理体系，发挥农家书屋公共阅读平台的作用，培养村内青少年爱读书、常读书的好习惯。活动中，组织青少年协助村农家书屋管理员工作，参与农家书屋管理，在服务中获得锻炼。围绕“我的书屋我的梦”举办征文比赛，用自己的语言书写亲身在活动中的收获和感受。在50篇征文中，评选出2篇参加西青区“我的书屋我的梦”征文比赛，获得好评。

“创卫创城”千人行动 2016年8月20日，王兰庄村参加李七庄街“创卫创城千人行动”，村班子成员带领70余人重点清理小区内杂物、堆物，对小区内违章广告牌匾、灯箱和私搭乱建等进行集中清理。行动还与“两学一做”相结合，村班子把群众反映的热点、难点问题作为“创卫创城”的出发点和落脚点，结合实际改进提高，促进村容村貌和党员群众思想觉悟水平共同提高。

专家讲座 2016年12月29日，是王兰庄党支部成立80周年纪念日，党支部邀请市委党校教授张立杰为党员和入党积极分子进行“两学一做”及“一二·九”抗日救亡运动专题讲座。内容包括“两学一做”学习教育活动的重大意义、科学内涵，“一二·九”抗日救亡运动的经过、背景、外围组织、准备、经过，形成抗日民主运动新高潮及其重大历史意义和现实意义。

文明新风范例

郭宝印被评为全国劳动模范 1956 年 3 月生，中共党员，高级工程师。18 岁担任村民兵排长，19 岁出任村团支部书记。1978 年 1 月，时年只有 22 岁的郭宝印挑起村党支部书记的担子，成为村子的带头人。他立志改变村庄贫穷落后面貌，从群众最需要解决、最迫切的问题入手，很快使村中经济情况得到好转，群众生活得到提高。他审时度势，确定要利用天津近郊的地理优势，发展工业，带领群众共同致富。只十几年时间，先后办起 25 个村办企业，使村人均收入从上任初的 160 元增到 5500 元。此后，借助地缘优势发展商贸业，建成中国北方最大的电器批发市场——天津家电商城。对二、三产业进行调整，建起 30 万平方米的津兰国际商贸中心。尝试资本运作，投资入股达仁堂药业公司、天津商汇控股公司，大力发展金融业。成为经济强村后，推动旧村改造和新村建设，使王兰庄建成花园小区，成为天津新农村建设的典范。三十多年中，郭宝印获得多项荣誉 ：1994 年，获全国第五届“十大杰出青年”，受到中共中央总书记、国家主席、中央军委主席江泽民接见 ；2005 年，获全国劳动模范称号 ；2009 年，获“感动天津人物——海河骄子”称号 ；2010 年，获听众最喜爱的“十大造福百姓的好村干部”称号 ；2011 年，获“十一五”期间天津“最具影响力劳动模范”；是年，获“全国优秀党务工作者”称号。在他的带领下，村党支部 2002 年获天津市“红旗党组织标兵”称号 ；2004 年，被评为天津市“红旗党组织”；2006 年，被评为天津市农村三级联创“五个好”村党组织 ；2010 年，被评为天津市农村党的建设“三级联创活动五个好”村党组织标兵。王兰庄村也被天津市评为市卫生村、村务公开民主管理示范村。

郭宝印曾多年担任市政协委员、西青区政协副主席等职。

李德利获天津市“五一劳动奖章” 1958 年出生，津兰集团工会副主席、办公室主任、村党支部副书记。工作兢兢业业、勇挑重担，以高涨的热情、踏实的作风赢得干部职工的赞誉，多次获得市区、总工会先进工作者、优秀共产党员等荣誉。在工会工作中，积极开拓、大胆创新，针对租赁企业个体民营企业多、组织和管理比较混乱的局面，在深入企业调研走访的基础上，逐步完善工会组织，与各企业职工签订劳动用工合同，使职工和企业的利益得到双重保证。他还积极协调各企业，对困难职工给予帮扶，受到职工的普遍赞誉。2014 年，李德利获天津市“五一劳动奖章”。

春季一角

乡村政事

王兰庄村有光荣的革命传统，建有天津市南部第一个农村党支部，领导村级政权组织及青年、妇女等群众及其他团体在抗日战争、社会主义建设时期发挥战斗堡垒作用。改革开放以后，村中实行民主选举、民主决策、民主监督和民主管理，坚持村里重大事务由村民代表大会决定。党员群众代表大会、村务监督委员会在党务、村务中发挥重要作用，有效发挥党员、团员和妇女、民兵、村民代表、村务监督、白事理事会、调解委员会等组织在村民自治中的互补作用，设立村务公开电子系统，制定完善各项规章制度58项，实行利益导向政策，确保制度执行，使村内保持良好的风气、上下一心、和谐发展的良好局面。

◉ 党支部建设

村党支部建立后，积极带领群众参与不同时期的革命和建设活动，建立健全基层组织，发展积极分子加入到各种组织中来，为村庄建设起到很大作用。党团等组织不断发展壮大，党务、政务井然有序，各项工作成绩斐然，多次被评为街、区先进党支部、区级红旗党组织和市“红旗党组织标兵”。党支部书记郭宝印被评为全国优秀党务工作者。

1936 年暑期后，中共天津市委相继派慕湘、陆平、崔建华等地下工作人员常驻王兰庄，以办民校的名义开展抗日救亡运动。9 月，经地下党组织考察，发展村民刘振奎等 10 人加入中国共产党，刘振奎为李七庄地区第一位共产党员。是月，建立天津市南部最早的农村党支部——王兰庄党支部。由陆平任书记，直接受中共天津市委领导。

1940 年春，刘振奎赴平西根据地学习，回村后任王兰庄党支部书记。

1949 年 10 月，党组织公开，王兰庄党支部改建，设书记 1 名，委员 2 名。

1951 年 10 月 11 日的《天津县五区村党支部分布图》中记载，王兰庄党支部有男党员 7 人，女党员 2 人。

1958 年，村党支部改选，设书记 1 名，委员 2 名。

1960 年和 1962 年，村党支部分别进行调整，更换书记人选。

1978 年 1 月，村党支部进行改选，设书记 1 名，委员 3 名。

1979 年后，党支部每三年举行一次换届选举。设书记、副书记各 1 名，委员 1 名。

◉ 党务工作

1983—1993 年，在党员中开展“创先争优”活动，村内有 23 名党员被评为乡级优秀党员，区级优秀党员 3 名，市级优秀党员 1 名。支部书记郭宝印被评为乡级“最佳书记”。1986 年 3 月，开展全面整党。经过学习文件、掌握标准、联系实际、对照检查、组织处理、党员登记等阶段。全村 43 名党员中，合格和基本合格的占 100%。村党支部在党员中开展“做新时期合格党员大讨论”，以“话改革，颂家乡”为题进行形势教育。经过讲党课、重温入党志愿书、典型演讲等，振奋精神，坚定改革信心，党员纷纷表示要为强村富民建功立业。实行党员目标管理，坚持三会一课制度，对全体党员都制订严格的工作标准和目标任务，签订责任书，上墙公布，使全体党员工作起来有方向有目标。班子成员团结一致，兢兢业业，严于律已，在业务往来中没有发生吃喝贪占行为，杜绝村民婚丧嫁娶干部必去吃喝的现象。

党建工作　1994—1998 年，党支部坚持“抓核心，顺民心，促中心”工作思路，围绕经济工作抓党建，领导班子从自身做起，用“学习、开拓、勤俭、务实、民主、团结”十二字行为规范约束自己的行为，一心一意带领群众共同致富。1995 年，制定王兰庄村 6 年发展规划。在全体党员、干部和企业职工中开展“四破四树”大讨论，即一破自满情绪，树立发展意识，走出津兰看自己，对照先进找差距；二破畏难情绪，树立机遇意识，在困难和挑战面前，不怨天尤人，不畏首畏尾；三破等靠思想，树立市场意识，不靠别人靠自己，不靠照顾，靠本事；四破怕担风险思想，树立敢闯敢冒险意识，只有敢担风险，才能有大发展。不断加强党员队伍建设，把党员推上经济工作第一线，每个党员有责任目标，有考核。发展党员 7 名，接受退伍军人党员 3 名。1998 年，村内有党员 53 名。

1999—2005 年，持续开展学党章小组活动，实行党员目标管理，不断提高党员、干部队伍政治素质和修养。发展新党员 21 人，培养入党积极分子 34 人。先后被街党委、区委评为先进党支部、区级红旗党组织。党员在各自岗位上发挥模范带头作用，有28名党员先后被街道党委评为先进党员。2002年，村党支部被市委、区委推荐为党员干部学习的典型，被市委组织部、市农工委命名为“红旗党组织标兵”称号。

换届选举 2006—2008年，完成党支部进行换届选举工作，保持老班子的稳定，维护经济发展的可持续性。在党员中进行先进性教育和形势任务教育，组织全体党员到湖南毛泽东故居、刘少奇故居参观学习。每年组织党员集中上党课5次以上，组织学习活动12次。

2009—2011年，党支部进行换届选举。组织专业授课，对全体干部进行整顿教育培训，增强干部的责任心和事业心。对在职党员开展学习教育，促进党员在不同岗位充分发挥模范作用；开展退休老党员学习活动，使其发挥余热，为维护村中稳定做贡献。鼓励和引导干部、党员、职工及家属借助集体平台开展自主创业，发展民营经济，实现村内经济多种并存、多业并举、全面发展的新格局。组织党员和入党积极分子开展纪念建党90周年活动，参加“学党史、知区情，共建美好新西青”的党史专题讲座及系列活动。2011年，村党支部被评为市级红旗党支部标兵。有街级优秀党员5名，市级优秀党务工作者1名。全国优秀党务工作者1名。

2012—2014年，新改选的党支部继续保持老班子的作风，加强对党员、村民代表的教育管理，届内组织学习45余次，使全体党员、干部提高觉悟，增加凝聚力。完成全村各项规章制度和村规民约的修编，于6月发至各户，以便于村民监督执行。2012年，党支部被评为区级创先争优先进基层党组织。

2013—2015年，党支部换届工作如期完成，党支部成员均为连选连任，设书记、副书记、委员各1名。届内，党的“三会一课”等组织活动有序进行。通过学习文件、查找问题和落实整改三个阶段，进行路线教育实践活动，增强党支部班子和党员队伍的凝聚力。使两委班子认识到村经济发展中投资方面存在长线多、近期实现收益少的不合理现象，并将发展思路转移到土地开发和盘活资源上来，以解决面临的经济困局。

每年年终，采取书面问卷形式征求全村群众的意见和建议，共发出问卷2400份，收回1798份，收回率占75%。对群众提出的问题和建议，党支部及时研究解决方案，并做到件件有回音、有答复。2013年，有5名党员获李七庄街优秀党员称号，1名党员干部获李七庄街优秀党务工作者称号，党支部被评为区级优秀党组织。2004年，根据村民的建议，完成党支部、村委会、津兰集团三套班子成员和所属企业的车改工作，处理公车25部，解决公车私用、浪费严重、群众意见大的问题。

党员联系群众工作 2015年始，村党支部着手构建党员联系群众互联网三级网络。即支部书记帮扶困难户、五保户；两委班子成员联系困难群众；党员、群众代表包楼包户。全村5个党小组、85名党员，平均每名党员联系20户，实现党员群众全覆盖，做到联系服务群众“零距离”。每名党员结合自身能力特长和联系户的具体实际情况，努力落实“五帮”职责：一是帮思想，向联系户宣讲党的路线方针政策，以及村里的重大决策，提高群众素质；二是帮致富，帮助找准发展路子，为村民提供找工作、办企业、产品营销等机会和信息；三是帮技能，引导和帮助联系户掌握1～2门有关商品生产经营、营销管理等方面的实用技术；四是帮解难，及时了解联系户生产、生活中的实际困难，力所能及地给予物质的支持；五是帮稳定，帮助群众化解矛盾纠纷，做好调解工作，做到“小矛盾不出村，大矛盾不出街”，确保全街和谐稳定。村党支部给每个党员下发《民情日记》《民情台账》和“民情联系卡”，制订“党员联系户网络图”。同年，党员走访900户，共征集意见、建议300条，实际采纳合理化意见28条。

2016年，坚持“两学一做”教育活动常态化，组织党员参加9次党课教育活动。同时，在领导班子成员中开展“自查自纠一落实”活动，增强领导班子廉政、勤政为民的自信心和自觉性，使党员党性进一步提高，在各项工作中发挥模范作用。党支部重视培养、教育和发展新党员，除严格按照党章标准培养、教育、考察外，还要“过三关”（思想关、贡献关、群众关）。十几年间，发展新党员20余名。村内党员总数达到96名。其中：男性69名，女性27名；40岁以下34名，41～60岁42名，60岁以上20名；大专以上文化程度的35名，中专及高中33名。

◉ 群众组织及其他组织

集团工会 20世纪80年代初，随着津兰集团的组建，工会组织相继成立。工会设主席、副主席各1名，委员5名。2015年，主席改为村党支部书记兼任，副主席由党支部副书记兼任。

共青团组织 1950年，村内建立新民主主义青年团支部，是李七庄附近最早建立的团组织，时有青年团员5名。1957年，新民主主义青年团支部改名为共产主义青年团，村团支部设书记1名，委员2名。20世纪70年代末，村团支部响应乡团委号召，组织团员青年开展学习马克思主义列宁主义、毛泽东思想、邓小平理论活动。团员青年在发展村级集体经济中做出重要贡献。1984 年始，团员青年开展“学科学、用科学”“小发明、小创造、小革新、小改革、小建议”活动，共提合理化建议 16 条，增收节支 8 万元，创造产值 120 万元。80 年代末，村团支部变为团总支，设书记 1 名、委员 4 名。根据青年爱学习、爱活动等特点建立活动室，阅读室，发展一批优秀青年充实团员队伍。开展争当红旗团组织、争当新长征突击手活动，在村青年之家晋级竞赛中被评为区级优胜单位。团支部连续三年被评为区、乡级先进团支部，2 名团员被评为区级新长征突击手，1 人被评为市级优秀团干部，1 人被评为市级新长征突击手标兵。1994 年，郭宝印被评为“全国十大杰出青年”。

1994—1998 年，发展团员 14 名。到 1998 年年底，全村有团员 65 名。2001 年，团员青年坚持例会制度，组成 10 个学习小组，学习党章和党的基本知识。开展爱国、爱家乡教育和多项文体活动，村团总支被评为区级五好团组织。

2012—2015 年，发展团员 16 人，有 9 名团员加入党组织。充分发挥“一二·九”抗日救亡运动纪念馆、书画苑、体育场所等文体基地的功能作用，组建少儿书画班，坚持利用假期进行培训，开展各种体育健身活动。

2016 年，组织团员开展“一学一做”学习实践活动，提高青年团员的思想政治觉悟，为村内经济、社会发展出力献策。年底，有团员近百人，有 2 名团员加入党组织。

农会　1949 年春天，村内成立以贫雇农为主的群众组织——农会。带领群众开展废租查漏、粗分土地的“40 天运动”。土地改革运动开始后，农会在中共领导下，成为完成村内土地改革任务的中坚力量。1956 年，农业合作化后，农会的工作逐步由社员代表大会替代，农会自动解体。

妇女代表大会　1953 年，村妇女代表大会（以下简称妇代会）成立，设主任 1 名，委员 2 名。1960 年，村妇代会进行选举，产生 3 名成员，设主任 1 名。1962 年，妇代会进行改选，产生主任 1 名，委员 3 名。二十世纪八九十年代，村妇代会组织村内妇女积极参加争创“五好家庭”“文明家庭”和扶贫济困、爱国储蓄、支持希

妇女养生知识讲座

望工程、维护妇女儿童权益等活动。至2000年，有85%以上的村户达到“文明家庭”标准。此后，村妇联围绕党支部的中心工作和全村的经济发展，发挥桥梁和纽带作用，充分利用书画苑、图书馆、体育场、妇女活动中心等精神文明活动基地开展各种活动。2016年，开展手工编织、养生知识讲座等活动14次，先后开设少儿国学、绘画、书法、太极拳等培训班21次，推动女性村民精神文明提升。

◉ 村政组织

新中国成立后，王兰庄村级政权经历村政委员会、生产大队和村民委员会三个阶段，村民参与村务管理的程度不断提高。随着改革开放后民主法治建设的深入，村民自主行使选举权利，参与村务决策和各项制度建立，对村务公开监督，村民自治领域不断扩大。

村政委员会 1949年1月15日天津解放后，村内建立村公所，设村长、副村长各1人，财粮委员、生产委员各1人。1951年12月，根据天津县人民政府指示，在土地改革完成基础上，完成民主建设工作。1954年，以互助组为单位组成公民小组，选举产生村民代表会，村民代表会选举产生村政委员会。村政委员会按时向村民代表会作工作报告，村民代表会负责审查村财政开支，讨论解决提案及决定有关村政事宜，制订村规民约，选举村长等。至此，旧的村公所体制结束。

生产大队 1963年1月，实行人民公社、生产大队、生产队“三级所有，队伍基础”的管理体制。王兰庄村设立生产大队管理委员会，生产大队管委会由大队长、副大队长、妇女队长、会计、出纳组成，下设4个生产队队委会。1968年2月，各人民公社建立革命委员会（以下简称革委会）。村内成立革委会，下设4个生产队（后改设为8个）。1980年4月，撤销人民公社革委会建置，村革委会也随之改组为农业生产联合社。

村委会 1983年6月，人民公社管理委员会改建为乡人民政府，王兰庄村生产大队管理委员会改建为村民委员会（以下简称村委会），并设立村级经济组织农业生产联合社。在财经业务、村政事务和其他需要使用公章时，仍沿用农业生产联合社公章。1989年11月，村委会由4名委员组成。1993年，天津津兰集团有限公司成立，农业生产联合社随之撤销。

1997年，首次由村民选举的村委会由3人组成，其中主任1名、委员2名。

村综合服务中心外景

2003 年 6 月，村委会进行换届选举。党支部书记被选举为村委会主任，同时选举产生了委员 3 名。

2006 年 6 月，选举产生村委会由 2 人组成，设主任 1 名、副主任 1 名。

2009 年 2 月和 2012 年 4 月的村委会换届选举中，1 名主任、2 名副主任和 1 名委员均连任。

2015 年 2 月，村委会再次换届。新的村委会设主任 1 名、副主任 2 名。

村民小组 2000 年，村民陆续搬进王兰庄花园住宅小区，村民的居住地发生改变。据此，村委会以村民新的居住顺序重新划分村民小组 39 个，平均每个小组 15 户左右。2016 年，全村设村民小组 48 个，平均每个小组 17 户左右，有村民小组长 48 人。

监督组织 20 世纪 80 年代中期，村内成立村务监督委员会。随着村委会组织建设的不断完善，村务监督越来越为党支部所重视，相继建立企业理财组、集团监事会、党务监督员、村务监督委员会。2016 年，村务监督委员会有 5 名成员，设党务监督员 2 名、集团监事会 3 人、村民代表 48 人。

红白理事会 1984 年，村内建立红白理事会，制定《婚宴管理制度》《殡葬管理制度》。村红白理事会负责对婚嫁、丧事进行管理。根据实际情况和形势的发展，先后对理事会成员进行调整。2016 年，村红白理事会有成员 11 名，设会长 1 名。

◉ 民主法治建设

选举 1953 年后，村民开始参加村民代表和村长的选举。1958 年人民公社化后，生产大队干部名义上是社员代表会选举的，实际是由公社党委任命，生产队干部则由大队支部决定，社员举手通过。1985 年，村委会、村民小组取代生产大队、生产小队。1997 年，根据《中华人民共和国组织法》，村内有选举权的公民首次直接选举产生村委会主任、副主任、委员及村民小组长。此后，每三年进行一次换届选举。

2003 年开始，根据上级党组织的安排部署，村党支部的换届选举实行“双推一选”（即党员、群众推荐候选人，通过全体党员大会选举），在党员大会投票选举时，村民代表列席会议，普通村民也能参与和监督党内换届选举工作。

2015 年，村进行第十届村委会换届选举。全村有选民 1700 人，参加投票 1300 人，占选民总数的 76.5%。发出选票 1300 张，收回 1298 张（其中有效票 1283 张，无效票 15 张）。村委会主任候选人获赞成票 81.7%，两位副主任所获选票超过有效选票总数的 50% 以上当选。村选举委员会公布选举结果（第 6 号公告），并上报街道办事处备案。在筹备和正式选举过程中，街道党委派专人全程指导监督，全体党员、村民代表及选民积极参加，保证选举合法、有序进行。

决策 1992 年始，村内依据《中华人民共和国组织法》推行村民代表会议决策制度，在村民代表会议讨论问题作出决定时，先由村党支部或村委会议提出，交由村支部和村委会讨论，然后一般事项提交村民代表会议表决通过后执行；决策重大事项，在村两委会拟定出具体内容后，先经党员会议讨论，再提交村民代表大会表决通过后，交由村委会具体办理。基本程序是：在村民代表会议召开三日之前，村委会要将会议有关议题通知村民代表，由村民代表广泛征求村民意见，召开反馈村民意见代表会议，村委会汇报并说明此次会议的议题情况，村民代表讨论议题并发表自己的意见，由村民代表对各项议题进行投票表决，村委会对村代会作出的决定具体执行。特别重大事项，先由两委班子提出意向，进行反复论证、考察后，将书面调查问卷表发到每户。各户把填写好的问卷按预定时间交回后，村委会进行汇总分类。获半数以上村民同意的方案，村委会根据村民意见和建议修改，将修改后的方案提交党员大会、村民代表大会讨论表决。表决通过后，由村委会按方案执行。1999 年，村两委班子针对旧村改造问题，以问卷调查的形式征求全村 681 户村民的意见，95% 的村民表示赞成，大多数迫切希望进行房屋改造，改善村庄环境和居住条件，两委会拟制《王兰庄旧村改造实施方案》，经村民代表大会通过后，按方案逐步实施。为使决策更合民意，两委会重视村民代表队伍建设，把好推选村民代表这一关，把真正公道、正直、有一定文化水平，有替村民说话、办事能力，又有一定群众威信的村民推选到村民代表队伍中。建立村民代表联系户制度，村民代表及时将村民的意见和村里的决策进行相互反馈，保证言路畅通和决策的科学化，真正发挥村民代表的参与决策作用。

2012—2016 年，有村民代表 48 名，召开村民代表会议 16 次，表决议题 33 项，涉及土地储备、房地产开发、村内部集资、村民福利、制度修订、项目开发、村政建设等。

制度建设 为保障村民的知情权、参与权、决策权、监督权、评判权，村委会重视各项规章制度的制定与完善。1985 年，村内土地和企业实行承包前后，各管理部门，也面临着新的问题。在实践中及时对有关管理制度进行修订：村两委班子成员实行分管制度；对其分管工作，制定工作范围、任务指标；完成任务指标、开支限额，按人员测算出应付的工资；完成任务的，给予正常报酬。超额完成的，给予奖励。未完成的予以处罚；分管领导可根据部门实际情况分别给下属单位制定指标，实行承包。至 1993 年，先后制定村规民约、土地管理、职工岗前培训、村民福利、计划生育、引进和培养人才、党员及干部目标管理、合作医疗、婚宴及殡葬管理等 16 项制度，企业管理制度达到 20 余项。1994 年，制定村干部 12 字行为规范："学习、开拓、勤俭、务实、民主、团结"。1995—2010 年，制定实行村集体为民营、私营、个体企业担保制度，完善计划生育利益导向制度和津兰集团规范化管理制度，物业管理、对村民社会保险、医疗保险、医药费报销、户籍管理、各种补贴发放、文化体育场所管理等 30 余项制度进行修订和补充。2012 年 6 月，通过反复调研及参考周边村庄的经验，对村内实行的各种规章制度进行修编，下发到全村各户，以便村民自觉遵守、监督。村两委班子以身作则，有章必循，违章必究。以确保制度在村务管理中发挥实效。2016 年，在完成对全村土地的调查摸底工作基础上，修改制定新的土地管理制度。村内各项规章制度达到 58 项，其中，津兰集团规范化管理制度 32 项。

综合治理 二十世纪五六十年代，村内发扬“一二·九”抗日救亡运动时期义务教育精神，以利用广播、黑板报、张贴标语、集训、召开会议等形式，宣传贯彻《中华人民共和国宪法》《中华人民共和国婚姻法》等重要法律。促进村民树立基本民主法律意识，男女平等、婚姻自主、尊老爱幼、家庭和睦的社会新风开始形成。八九十年代，“一五”“二五”“三五”普法教育相继开展。根据村内暂住人口达到2000余人，98%的劳动力分布在30余个工厂昼夜轮流上班，家中无人看管的情况，村两委会把治安工作作为一件大事来抓，利用闭路电视、广播，经常宣传法律常识，增强村民防范意识。采取封闭式的管理，设立20余人的治安联防组和50人的夜间执勤组，进行昼夜巡逻。各企业保卫人员及12名片长进行互查互访，昼夜有专人执勤。村委会与派出所每月举行1次例会，设信息员50名，使全村基本上做到夜不闭户，从未发生过大的刑事案件。1988—1993年，王兰庄5次被评为市级治安先进集体，全村团结祥和。进入21世纪，严格社会治安综合治理和车辆管理，成立物业公司、治安巡逻队，遏制吸毒、打架斗殴等恶性案件的发生，为村民提供良好的居住环境。2002年，王兰庄被天津司法局、民政局评为“民主政治建设示范村”。2010—2016年，继续加大对民主法治载体的投入。充分利用村民学校、村民服务中心等载体，采用多种教育形式开展法治宣传教育。利用法治宣传专栏定期刊发与村民切身利益密切相关的法律法规、案例；在村民学校定期进行法律宣传与辅导；组织党员、群众代表、妇女、团员青年、志愿者等队伍，针对辖区村民实际情况，有的放矢地开展法治宣传教育活动；图书馆配置法律图书及刊物，长期对村民开放。引导村民养成遇事找法、解决问题靠法、严格依法办事的良好意识；根据村民需要，经常开展群众喜闻乐见的法治教育活动。

监督 1980年始，村内成立村务公开监督委员会，建立《村务监督管理制度》。坚持定期对村财务审核，查清财务管理中的问题。两委会专门召开会议对查出的问题进行梳理，明确责任人负责落实整改。整改完毕后，再向村民代表、理财及监督人员通报整改情况。2011年年底，召开全体党员、村民代表大会，党支部、村委会报告一年的工作，班子成员分别进行述职报告。而后，全体党员和村民代表采取不记名填写表格的方式，对每位干部进行评议。结果表明，95%以上的党员和村民代表对两委会工作表示满意，对班子成员满意度均在90%以上。自2012年起，每年召开两次（定期或不定期）专题会议，向党员和村民代表报告工作、对干部进行民主评议，接受党员、村民的监督。工作中，不断扩大监督范围，创新监督方式，由公开办事结果向公开办事过程延伸。凡是与群众切身利益密切相关的事项，由事后公开调整为事前、事中、事后全程公开，使群众在决策前能知情、决策中能参与、决策后能监督。2013 年开始，村内村务监督由物质建设领域向精神文化生活领域延伸。针对农民群众日益关注的民主政治建设和精神文明建设的实际，逐步把发展党员、推选干部、创建文明户等事关基层政权建设和村级规划、文明创建、公益事业建设等有关事项，纳入村务监督范畴。采用会议、电子触摸屏、公开信、问卷调查等形式实施监督，增强实效。成立村民服务中心，由村干部轮流值班，随时接受村民的质疑，解答提出的问题。

村务公开 1998 年始，村两委会采取公开栏、召开会议、公告等形式每半年公布一次财务、村务。确定村财务收支情况、计划生育二胎审批情况、土地承包情况、项目开发情况、村政建设情况、承包企业和租赁企业收缴承包费和租赁费情况、招待费支出情况、国家征占土地的补偿费及使用情况、债权债务情况、任用工作人员情况以及其他群众普遍关心、关注的热点问题，作为村务公开的主要内容。公开形式主要有党员大会、群众代表大会、公开栏、电话、公开信等。每年 7 月 1—20 日为上半年村务公开日，次年的 1 月 1—20 日为全年村务公开日，重大事项和热点问题可随时公开。当年，完善《村务公开制度》，严格按照规定的程序进行公开。公开前，公开的书面文字材料经党支部、村委会研究通过，报请街党委审批后，再进行公开。公开后，及时征求群众意见和建议，认真分析研究，积极稳妥处理；严格按照规定的标准进行公开。凡是要求公开的内容都做到既全面到位，又符合国家有关政策法规，“不搞土政策，不开歪口子”；严格按照规定的时间进行公开。属于正常工作的，每季度进行一次全面公开，遇有临时性工作的随时公开；切实加强监督。采取内部监督和外部监督相结合的方法，开展民主议政日，党员、村民代表质询日等活动，多层次、多形式地接受监督；坚持决策过程的公开。重大事项决策前广泛征求方方面面的意

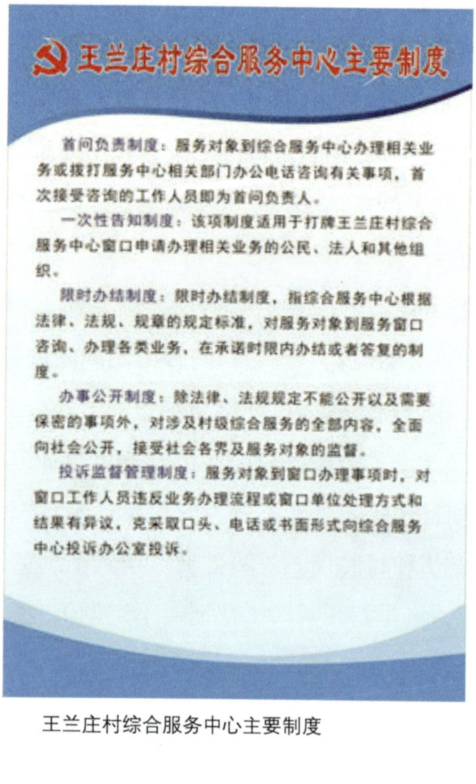
王兰庄村综合服务中心主要制度

首问负责制度：服务对象到综合服务中心办理相关业务或拨打服务中心相关部门办公电话咨询有关事项，首次接受咨询的工作人员即为首问负责人。

一次性告知制度：该项制度适用于打牌王兰庄村综合服务中心窗口申请办理相关业务的公民、法人和其他组织。

限时办结制度：限时办结制度，指综合服务中心根据法律、法规、规章的规定标准，对服务对象到服务窗口咨询、办理各类业务，在承诺时限内办结或者答复的制度。

办事公开制度：除法律、法规规定不能公开以及需要保密的事项外，对涉及村级综合服务的全部内容，全面向社会公开，接受社会各界及服务对象的监督。

投诉监督管理制度：服务对象到窗口办理事项时，对窗口工作人员违反业务办理流程或窗口单位处理方式和结果有异议，克采取口头、电话或书面形式向综合服务中心投诉办公室投诉。

王兰庄村综合服务中心主要制度

见和建议，反映群众的真实意愿和要求。在落实涉及全村利益的重点工作中，随时将进展情况和遇到的问题进行公开。2014 年，设置村务公开触摸屏，利用西青区村（居）务公开网络平台，扩大村务公开内容，村民们可以利用电子智能查询系统及网络平台实时公开透明地了解村里基本情况、规章制度、党务、村务、财务公开情况和村民福利待遇等。2016 年，党务、村务公开内容更加全面。党务公开涉及廉政建设、重要会议及重点决策、三会一课落实、精神文明创建、入党积极分子培养、党员群众普遍关心的热点难点问题等 37 项；村务事务公开包括村集体经济项目的立项情况，村集体土地开发情况，企业运营、村公益事业的建设情况，村基建项目的发包与承建情况，“文明户”“和谐家庭”“道德模范”评选情况等 32 项；财务公开包括社区办公经费收支情况、上级部门拨付的各项专项经费收支情况、其他财务收支情况、福利费发放、财务公开榜等 7 项内容。专门设置村务综合信访服务流程图，遇村民对村务质疑和上访，按流程规定迅速办理回复，党务和村务公开都交给村民一本“明白账”，使村内政务成为阳光政务。

附：村务公开电子触摸屏

2013 年设立，位于村委会村民服务中心。管理菜单有基本情况、党务公开、村务公开、重大事项四大类。其中党务公开设党组织任期工作目标及落实情况；重要会议及做出的重要决策、决定、开展的重要活动；精神文明创建活动情况；党员设岗定责；党员群众普遍关心的热点、难点、重点问题等 38 项。村务公开设有村民福利；财务公开；村集体经济项目的立项情况；村公益事业的建设情况；评选文明户、和谐家庭、道德模范人物名单；村务监督；村干部年度考核、评议、审计情况、社区建设等 32 项内容。村民可以随时到村民服务中心打开触摸屏查看自己关心或有疑问的事项。此外，还加入了西青区村（居）务公开网络平台，村民在家就可以通过网络查看村内党务、政务方面的所有公开事项。

村规民约 王兰庄村规民约随着社会发展和村情变化不断完善。新中国成立后，村规民约以推行农村新文化建设、破除旧社会的糟粕，提倡爱国家、爱集体，艰苦朴素、积极向善的新风尚为主要内容。20 世纪 70 年代前后，由于开展“文化大革命”，维护社会秩序的伦理道德公约被视为封建思想予以剔除，村规民约主要内容仅限于防火防盗，以及农业生产方面的护秋公约。

1984 年，重修村规民约，进一步规范村民行为。新《村规民约》规定有爱党、爱国、热爱社会主义制度，遵守国家颁布的法律、法令，自觉执行村党支部、村委会制订的各项规章制度，搞好邻里和家庭关系、爱护环境等内容。90 年代后，《中华人民共和国组织法》将符合法律、法规、国家政策的村民自治章程、村规民约作为正式制度给予法律保护。村两委会修订完善《村规民约》，使《村规民约》跟上时代发展和村情变化。引导村民依法自治，解决农村建设和管理的疑难问题，给村民提供自主表达平台，提高村民参与农村治理的热情。2011 年，村两委会在村民中开展修订村规民约和规章制度活动。经过半年多的调研、讨论，几易其稿，村民代表大会讨论通过《王兰庄村（居）民守则》(以下简称《守则》)。两委会将《守则》印发到户，人手一册。新修订《守则》共分八个部分：一是社会治安。每个村（居）民要学法、知法、守法，自觉向一切违法犯罪行为做斗争。村（居）民之间团结互助，互相尊重，和睦相处，相互包容；二是村风民俗。加强精神文明建设，移风易俗，反对封建迷信，摒弃不文明行为，形成良好社会风貌；三是邻里关系，村（居）民之间要互相尊重，相互帮助，和睦相处，建立良好的邻里关系，形成互敬互爱的良好风气；四是家庭关系，每个家庭都要遵循男女平等，一夫一妻，尊老爱幼的原则，建立团结和睦，相互包容的新型家庭关系；五是房屋出租人的责任。房屋出租应符合有关法律法规和村规民约，不得损害社会公共利益和他人利益；六是房屋承租人的责任；七是自觉维护王兰庄花园小区公共卫生；八是共建清洁、美丽王兰庄花园人人有责。

是年，制定通过村“四德”规范，要求村民遵守。“四德”：以“爱国守法，明礼诚信，团结友善，勤俭自强，敬业奉献”为内容的基本道德；以“文明礼貌，助人为乐，爱护公物，保护环境，遵纪守法”为内容的社会公德；以“爱岗敬业，诚实守信，办事公道，服务群众，奉献社会”为内容的职业道德；“尊老爱幼，男女平等，夫妻和睦，勤俭持家，邻里团结”的家庭美德。

村民生活

天津解放前，村民以耕渔和苦力为主，生活十分艰难。解放后，村民生活日渐好转。农业合作化时期，生产队统一分配成为村民的主要收入来源，生活水平逐步提高。改革开放后，村民的婚姻家庭、物质和精神文化生活发生巨大变化。进入21世纪后，家庭的主要经济功能由原生产单位变为以消费为主，昔日传统村庄成为“都市里的村庄”。村民主要收入来源从家庭经营为主，发展到主要以工资、经营性收入、退休金、财产性收入为主。福利惠及全村，居民全部住在花园式小区，养老保险、医疗保险及多项村民福利均由村集体支付。村民物质生活富足安逸，消费水平及方式发生巨变，逐渐与大都市相融合，文化体育和其他休闲生活丰富多彩。

◉ 婚姻家庭

家庭 解放前，村民以五代同堂为荣，以多子多福为愿。贫苦农民大多结婚迟、生子晚，虽也有三代同堂的家庭，但人丁并不兴旺。家庭结构依父系血缘，由年高辈尊的男人当家，居支配地位，其他成员处于依附地位。家长亡故后，一般由长子执掌家事。父母在世，兄弟婚后仍在一起生活，故四代同堂家庭居多，人口多在 10 人左右。1949 年，村平均每户 6 人左右。20 世纪 50 年代，三代同堂家庭以及数代同堂家庭占总数的 86.5%。60 年代后，由于生产关系的转变，大家庭逐渐减少，一般男子婚后即自立门户，三代同堂家庭占总数的 72.1%。70 年代，三代同堂家庭以及数代同堂家庭占总数的 65%。80 年代，三代同堂家庭以及数代同堂家庭占总数的 60%；90 年代，三代同堂家庭以及数代同堂家庭占总数的 26%，两代同堂占总户数的 74%。进入 21 世纪，两代同堂占总数的 95% 以上。2016 年，一对父母和未成年子女组成的家庭成为主流家庭。

婚姻 解放前，村内男女婚姻悉听父母之命、媒妁之言。新中国成立后，贫苦农民男子结婚率增高。1950 年后，域内广泛宣传贯彻《中华人民共和国婚姻法》，包办婚姻、买卖婚姻渐被废弃。村民最低结婚年龄为女18周岁，男20周岁。1958年后，婚姻登记或离婚均由人民公社办理。二十世纪六七十年代，婚姻的组成多为经人介绍，自由恋爱成婚者很少。结婚年龄为女23周岁，男25周岁。八九十年代，结婚年龄多在23～25岁，结婚要彩礼的风气有所抬头。90年代中期，婚姻登记和办理离婚均需到民政局办理。晚婚晚育风气逐渐形成，自由恋爱结成夫妻的大为增加。进入21世纪，人们的择偶、婚姻质量、婚姻理念发生很大变化。普遍自主选择确定择偶对象，家长的意见只提供参考。自主恋爱、互联网、婚姻介绍所、亲戚朋友介绍等多样化的方式。另一方面，结婚费用不断攀升，到2016年，村内男青年结婚费用在20万元（不含楼房、汽车）左右。

赡养 二十世纪五六十年代，村内老人的赡养主要由儿女分担赡养。对于村内缺乏劳动能力、生活没有依靠的鳏寡孤独社员，采取村集体供给、分散供养和亲属领养两种形式，在生活上给予其照顾，令其保吃、保穿、保住、保医、保葬（孤儿为保教）（简称五保户），生养死葬有基本依靠。1983年，村里探索社会帮扶、家庭赡养新方式，实行集体发放退休金制度：凡男年满60周岁、女年满50周岁村民，每月从村里领取15元退休金。

2010年始，老年人每月领取退休金907元，不再主要依赖儿女们物质供给。

2016年，退休村民除每年可获得2万多元退休金外，还有春节补助、旅游补助等，足以维持退休生活。

◉ 收入支出

收入 1949年以前，村域内土地低洼盐碱，旱涝成灾，“卫南洼不当家，旱了收蚂蚱，涝了收蛤蟆”。村民靠给窑厂“甩土方”、打短工、运砖和经营少量土地为生。1950年，实行土地改革，农民分得田地，家庭收入逐渐提高。除耕种土地外，村民生活来源主要靠利用村周围洼淀、坑塘多、水多的优势养鱼捕鱼，利用木船往市中心运输货物为生活来源。1956年，实行农业合作化，农民家庭收入主要依靠集体经济。1958年，人民公社成立后，社员在生产队参加生产，农民每月可以领到几元生活费。20世纪60年代初，实行“三级所有、队为基础”管理体制后，夏秋两季按定量分给农民基本口粮，其余粮食上缴国家，年终按工分给社员分红，一般家庭年收入几十元。1964年全村人均收入 76 元，主要收入来源为生产队年终分红（劳动工分）；1980 年人均收入 298 元，比 1964 年增长 2.9 倍；1986 年人均分配 1130 元，比 1980 年增长近 2.8 倍；1992 年人均生活水平 1955 元，比 1986 年增长 73%。1993—1995 年，王兰庄村成为市级明星小康村，人均生活水平达 4138 元，比 1992 年增长 107%。2003 年，人均住房面积达 37 平方米，超过市区人均 17.5 平方米和农村人均 24.4 平方米的水平，其中占 87.8% 的村民住上 3 室 2 厅的楼房，非农产业收入占村民人均收入的 100%。2010 年，人均纯收入 1.5 万元，比 2002 年翻一番。2016 年，全村人均纯收入 2.7 万元，比中共十一届三中全会前增长近 90 倍，比 20 世纪末增长 5 倍多。人均住房面积达到 70 平方米。在村民收入中，工资性收入占人均收入总额的 70%；转移性收入（含养老费及各种补贴）占 15%；财产性收入占 5%，家庭经营收入占 10%。人均收入 8 万元以上的村民约占总人口的 10%，人均收入 2.7 万元以上的村民约占总人口的 80%，人均收入低于平均线的村民约占 10%。

支出　新中国成立前，村内可耕地很少，生产条件差，粮食亩产 15 千克左右，村内多数农民吃不饱饭，常以糠菜充饥，住土坯房，饮坑塘水，着装破旧，外出靠步行。1949 年后，农业生产条件逐渐改善，农民收入提高，消费水平有所上升，穿衣由过去几年添置一件新衣服，变为一年就能买一至两件。1959—1961 年是三年国民经济困难时期。20 世纪 60 年代末，多数家庭购置自行车。新建和翻建的民房均为砖木结构，其形式仍以“一明两暗”式为主，配以厢房放置杂物。70 年代，青年人结婚和添置自行车、手表、缝纫机“三大件”，成为家庭大宗支出。80 年代中期，民房建筑样式开始突破过去的单间。居室向舒适、多功能型转化，设置卧室、客厅、书房、厨房、浴室、储藏室等。“三大件”变为彩电、冰箱、收录放机，村民支出大幅增加。1986 年，村内拥有电视机 420 台，录音机 300 台，电冰箱 85 台，洗衣机 350 台，照相机 38 架，自行车 620 辆，摩托车 55 辆，电风扇 430 台，缝纫机 250 架，钟表 860 台，手表 700 块。民房 1741 间，建筑面积 2.44 万平方米。90 年代末，村民搬进还迁房，进行内装修成为村民在住房上的主要消费。用于改善物质与精神生活的支出大幅增长，消费水平接近市民化，小轿车开始进入家庭。据 2003 年王兰庄调查样本显示，有 63.5% 的样本近三年进行了房屋装修，显示出大部分村民拥有了宽敞的住房，还追求房屋的美化和舒适。其中 18.4% 装修费用 1 万元以下，25.3% 花费 1 万 ~ 2 万元之间，23.3% 花费 2 万 ~ 3 万元，24.1% 为 3 万 ~ 5 万元，还有 9% 装修费用达到 5 万元以上。据 2003 年调查样本表明，村民业余生活发生很大变化。在量上表现为业余生活从单调走向丰富，在质上表现为更加具有多样化和个性化，突出表现在子女教育受到空前重视。各种媒体普及后，看电视和看书报、杂志的人数占总人口比例分别从 37.3% 和 32%，上升到 81.3% 和 47.7%；上网比例从零增加到 5.2%。同时体育健身和旅游也受到人们推崇，分别从 15.8% 和 0.8% 上升到 26.4% 和 15.8%。至 2016 年，人均消费 1.5 万元，其中衣着支出 750 元，占 5%；饮食支出 5250 元，占 35%；出行支出 450 元，占 3%；家具支出 300 元，占 2%；日用品支出 750 元，占 5%；教育支出 2700 元，占 18%；文化用品支出 150 元，占 1%；旅游支出 900 元，占 6%；通信支出 300 元，占 2%；医疗支出 1500 元，占 10%；人情来往 1950 元，占 13%。精神文化消费占消费总额的 27%，年轻人在工作之余喜爱上网、读书、参加各种文体活动；中老年人喜欢读书、打太极拳、参加文艺戏曲、舞蹈、健身、棋类等活动及参加书画、养生知识讲座等，过去那种“日出而作，日落而息”的生活方式已经被丰富的精神文化生活所取代。

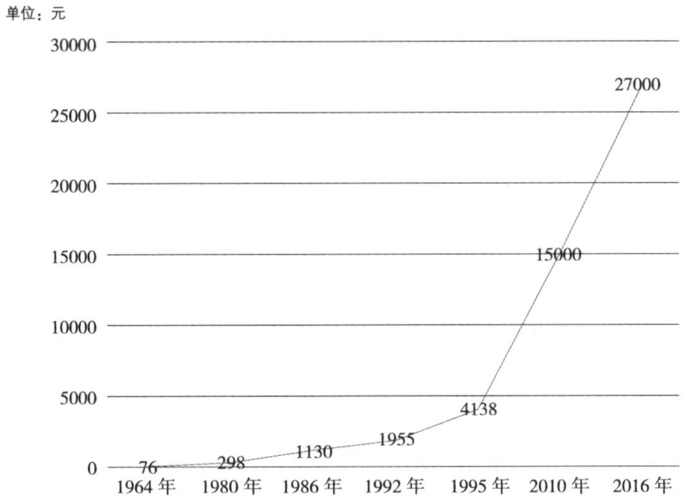

1964—2016年王兰庄人均收入变化示意图

◉ 衣食住行

衣

清末及民国时期，平民多穿棉布衣服，由自己裁剪、缝制，颜色多为冬黑蓝、夏白灰，年轻妇女和儿童穿着较鲜艳。民国前服装以土布居多，民国后服装渐为洋布衣服，富家多用绸缎料制衣。

冬季穿棉裤棉袄，裤腰齐胸，用宽大的布为腰带，裤腿用棉布绑腿，男式棉袄为直襟，疙瘩袢，女式为斜襟偏疙瘩袢。富者和教书先生在裤褂外罩长袍，谓“长袍马褂”。夏季男子多穿单裤、单褂、背心、裤衩，女性穿水裤单褂。无论男女老幼一年四季都穿肚兜。春秋季男女老幼则都穿夹裤夹袄。

新中国成立初期，服饰无大变。面料从平纹布逐渐变为哔叽、单双面卡其、华达呢、平绒、灯芯绒等。青年时兴穿学生服，偶尔有穿列宁服、中山服。“文化大革命”期间一度崇尚军便服，面料也以人造棉的确良、涤卡等化纤织物为主。

改革开放后，男女服装的品类款式及面料逐日新潮化、高档化。不同性别、不同年龄、不同职业的人，根据季节和喜好，穿喇叭裤、牛仔裤、港式筒裤、中山服、学生服、西服、运动服、夹克衫、皮夹克等。女式服装款式多样，长短裙、一步裙、套裙、斜裙惹人注目。进入 21 世纪，男女青年衣着款式与城区青年基本无区别，大部分从保守的穿衣风格转变为时尚风格。服饰颜色也更加丰富。

饰物　解放前，年轻已婚妇女佩戴金银首饰，儿童有佩戴金银或包色金手镯、脚镯、长命金锁的习俗。新中国成立后，此习俗减少，二十世纪六七十年代基本消失。80 年代始，佩戴饰品逐渐兴起，不仅青年女子戴金手链、金项链、金耳环及钻石戒指，中老年妇女和一些中青年男子也戴金戒指或钻石戒指。

冠戴　解放前，富家子弟及文职人员戴礼帽，农民一般春秋戴六瓣儿合缝的瓜壳帽（帽衬儿），夏天戴高粱秆皮编制的斗笠式、马绊草编制的伞盖形、麦秸编织的礼帽式等草帽。冬季男子多戴毡帽头或用兽皮做的皮帽。也有人戴用棉布和兽皮缝制的耳罩。老年妇女则戴一种叫“抹护”的帽子，这种帽子无顶盖，从前额沿两耳围到脑后，有松紧带儿，前额嵌饰品，两侧点缀绣花。新中国成立后，男子春秋戴解放帽、八角帽、呢子圆顶帽、前进帽（鸭舌帽），夏戴宽沿草帽，冬戴棉帽和长毛绒帽。老年妇女戴一种黑色平绒顶帽，青年妇女戴线围巾和各色方巾。六七十年代，男女青年盛行戴军帽。80 年代以来，青年男子时兴戴鸭舌帽、爵士帽、夏凉帽、各式旅游帽，妇女戴各色各样的毛线帽，围系纱巾。进入 21 世纪，男性戴帽子的很少，出行时偶尔戴各式旅游帽；女性则以戴遮阳帽、系各色方巾居多。

鞋袜　五六十年代，男女穿鞋多为自做布鞋。中青年男人穿针纳布帮鞋，老年男人多穿圆口布鞋。夏季域内道路泥泞，驶船的人很多，当地少年、中青年男子赤脚的很多。冬季，老年男子穿棉布鞋或蒲草编织的草鞋。村民拉冰、凿冰、打鱼，用拖床在冰上运砖时，要穿绑鞋，或称“牛皮绑”，用牛皮制成，用皮条绑在脚上，里面裹上麦秸稻草，鞋底儿捆上铁抓子。妇女穿布面或缎面的绣花鞋。小孩鞋有猫鞋、虎鞋、兔鞋、猪鞋，多为巧手妇女缝制。70 年代始，穿自制布鞋的人逐渐减少，穿球鞋，皮鞋，旅游鞋，雪地鞋，皮暖靴者增多。尼龙袜子和高脚丝袜完全取代自制的布袜子。90 年代后，女性多穿丝袜。青年男女穿皮鞋、运动鞋的居多，款式多样，以黑色、棕色为主。随着人们健康意识的提升，手工布鞋因穿着舒适，轻便防滑，透气吸汗等特点，又逐渐受到人们的追捧。人们注重服饰、鞋袜的制作技术、质地、颜色、图案、款式及穿着搭配，体现出人们对美的认知和追求。

食　解放前，村民多以高粱为主食，玉米、小麦、谷子为辅，稻子丰年稻米亦成为主食。传统食品有高粱干饭、小米干饭、大米饭、贴高粱面饼子、窝头、玉米饼子、丝糕糊饼、两面馒头、面条盒子、菜团子、馅儿饼、豆包、包子，面汤、汆汆汤、玉米面儿粥、茬子粥、高粱面粥、山芋粥、胡萝卜粥等。解放后至二十世纪八九十年代，随着村民生活富裕，主食逐渐由以粗粮为主转为以白面、大米为主，食用玉米等杂粮越来越少。21 世纪后，人们开始注重健康养生，追求饮食多样性，对主食进行精细粮搭配，一些家庭定期食用玉米和薯类，使摄入营养更为均衡。

解放前，农民菜肴以自腌芥菜、蔓菁、萝卜、白菜为主，偶有人自制大酱、虾酱，春季吃羊角葱蘸酱为菜肴。村民素有吃蚂蚱为菜的习惯，多用盐水煮熟炒干。冬季以白菜、萝卜为主菜。改革开放后，肉、蛋、禽、鱼和各种新鲜蔬菜成为主要食材。

住　新中国成立前，村民世代居住土坯房。建房之前，先制土坯。以稻草、麦秸或马鞭草和泥再用模具制成长约 0.5 米，宽约 0.4 米，厚约 10 厘米的长方体，晒干后即可垒房。房屋的规格一般是每间长 4 米，宽 3.33 米，高约 4 米。每户 3 间房约需土坯 1200 ～ 1300 块。单式起脊，3 根或 5 根木檩架撑。檩上铺以秫秸或苇把子。东西平房改造前民居间各有一炕，堂屋有两个灶，烟道通过土炕，烧火做饭时也起到烧炕取暖的作用。屋内墙壁用扎碎的麦秸和泥抹两遍。砖瓦房极少见。兴建宅舍要先看风水，然后祭告土地神，建房期间必须挂红色布条或纸条，意在驱邪。旧时忌盖新房低于两邻；忌堂屋门、院门对着烟筒、犄角、房山等；忌正房不正南正北；忌门对窗户；忌炕过中檩。安门窗时要贴对联儿，外间屋中檩画有罗盘八卦阴阳鱼，上檩时要放鞭炮，如逢下雨称作浇粮雨，视为吉兆。上梁之日，远亲近邻送油条 20 根，或送 2 ～ 3 千克挂面，称作“送小礼”。近亲则挂红帐，房屋建成后，主家要选吉日迁居宴请宾

二十世纪七十年代村民住房

朋“稳居”。解放后至20世纪60年代末，农民盖房由生产队派工，年终结算时，由生产队按制度扣除房主部分工分。70年代，土坯房大都翻新盖成砖瓦房。正房有一明两暗的连三间，两头住人，中间为堂屋，有两盘锅灶，并放水缸摆佛案。两间里屋各盘炕与外间的锅灶相通。旧时，窗户为格窗，糊粉莲纸。民国以后将百格窗中间装上一块玻璃，后来窗户上部改为四扇窗，下半部为3块玻璃窗格。80年代住宅发生很大变革，打破旧的三间格局。设有客厅、卧室、浴室、厨房。地面为水磨石或瓷砖镶嵌，门窗也逐渐用铝合金材质，建筑多为砖木混凝土结构，院落仍多为四合院式。90年代中期，进行旧村改造，至21世纪初，村民全部住进王兰庄花园。将原有村落一块土台子建造成假山，并栽植花草树木。

行 解放前，王兰庄与外界以水相通，村民走亲访友、赶集上市等出行，多以木船代步。乘客船或自划船沿运河往返于静海、杨柳青及天津卫之间。冬季河水封冻后则用冰床（俗称拖床）以代船，冰床可坐人载物，速度较快。新中国成立后，逐步以自行车代替木船和冰床。水管车架的载重自行车既可驮人又可载物。后有标定、轻便的各种型号的自行车。20世纪70年代末至80年代初，自行车用量大增，每户人家至少有一辆，成为最普遍的出行工具。此后，摩托车、农用三轮车、农用汽车逐渐取代自行车，汽车运输取代大车（畜拉胶轮车），还出现汽车出租和运输专业户。远道出行乘公共汽车、火车甚为方便，乘飞机者亦不鲜见。进入21世纪，村民出行多乘公交车、骑电动车。年轻人渐以小轿车为主要交通工具出行。2016年，家家户户都购置有小轿车。有的一家拥有数辆，档次渐趋于豪华。

宽阔的村街路

旅游 20世纪90年代末，村经济发展步入快车道，村民生活水平迅速提高，旅游作为一项新的休闲方式，在村民中逐渐兴起。村委会出资并组织退休村民集体到各地游览。每年都有百分之二三十的村户利用空闲时间或假期，举家乘车或飞机到省外旅游，旅游消费占家庭生活消费的比重不断增加。进入21世纪后，旅游逐渐成为村民一种新的生活方式。2006年始，村委会为退休村民发放旅游补助。每逢周末，村民到市内及周边省市旅游成为常事，到省外或国外旅游也屡见不鲜。青年人出外旅游的频率更高，不少人或家庭每年都要安排一两次。

链接：家乡变化大　日子特舒心[①]

李七庄街王兰庄村民史树楠今年67岁，他是一位有着20年党龄的老党员，在村里负责治保工作了十几年。这些年，老史亲身感受着家乡方方面面可喜的

① 作者程海琴，原载《天津日报》2015年2月27日。

变化，过着舒心的日子。

史树楠，家住王兰庄花园小区，退休 5 年了。他对前来采访的记者说：作为土生土长的王兰庄人，这些年来，我亲身经历了王兰庄村从土坯房到花园洋房，从坑坑洼洼的泥土路到宽敞整洁的柏油马路，从双手刨泥挣工分到有工资有医保、生活无忧的变化。要说对于幸福生活的感受，我的心里话就是“党的政策好、村里的班子好、老百姓生活好”。

对于政策好这一点，大的我也不懂，但是我就知道，王兰庄的发展，就是得益于国家的好政策。前几天村里开总结大会，我们宝印书记说：“5 年前向村民们承诺的群众收入翻三番的目标，现在基本实现了。”大伙听了都特别高兴。今年，村里新的工作计划都定完了，重点就是完成津兰国际大厦建设，年内投入运营。借助天津自贸区的设立，大力发展服务业。这党员干部，就得有发展经济的能力和魄力，这样大伙才能跟着走。

要说起这班子好，王兰庄人最有感受。

这几年，村里对党员、对干部的管理越来越规范，制度也越来严格。通过参加村党支部组织的党员学习，我自己也深受教育，时刻提醒自己做好自我管理，也要发挥余热，多为村里提些好的建议和意见，力所能及地为大伙做点事情。

今天，我最想说的就是我们老百姓的日子，那真是越过越红火，越来越舒心。

刚刚退休那会儿，还真有点不适应，忙活了几十年，一下子闲下来待在家里都有点发傻。我自个儿一寻思，这可不行，得找事做，不然就“废”了。正好村里有图书馆、村民文化室、健身广场、书画苑、健身队……能玩能溜的场所可多了，我就挑着自己喜欢的‘地’去，业余文化生活比工作时还多，也学到了不少新东西。

2000 年，我们村完成平改，全村 2200 名村民全部住进了由村里自筹资金建设的高标准生态型新村。依照村里制订的分房政策，当时我家分到了一套 130 多平方米的单元楼房。2008 年，为解决大龄青年婚房紧张的困难，村里又进行了二次福利房分配，我家又分到了一套新房。现在，我们村人均住房面积达到 70 平方米。这几年，村民福利待遇也连年提高，我们老两口每年的退休费及其他福利加在一起 5 万多元，根本就不用孩子们惦记。以前我们

老年之家

就羡慕工人看病有报销，现在农民也享受到了农村合作医疗。在王兰庄，村民生病了，村里还有二次报销，这样加在一起能达到 90% 以上。退休老人更高，能到 95%。

百姓生活越来越好，村里环境越来越好，现在我感觉王兰庄人的素质也越来越高了。从外面来问路的，村民们从来都没有不搭理的，肯定是告诉明白了；村里现在环境好了，各种设施也多了，只要看见有人破坏，就肯定有管的，大伙都自觉保护集体财产。这和村里多年一直坚持的文明教育分不开。每回开党员群众代表会，村干部都反复讲怎样做到讲文明。一点点的，大伙都入脑入心了，逐渐形成了好氛围。村里组织我们老人去全国各地旅游，走了这么多地方，大伙都觉着还是家里最好，还是王兰庄最好！

◉ 社会保障

集体经济大发展后，村两委会为村民实行多种福利和生活保障制度。其中，统一缴

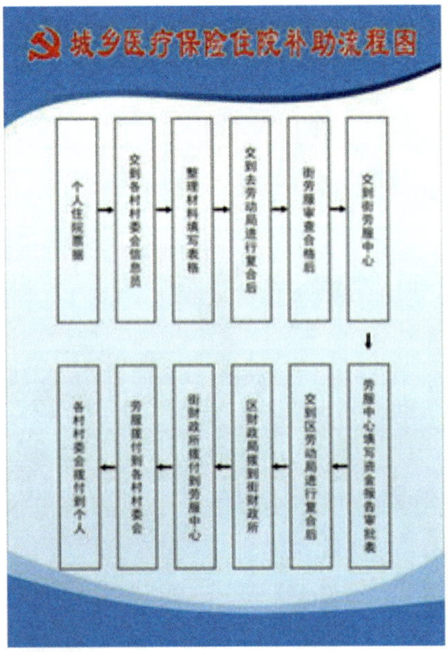

城乡医疗保险住院补助流程图

纳社会统筹养老保险，使村民再无生活的后顾之忧；实行医疗保险，保障村民不致因病返贫；发放退休补助、学生补助和年节等补助，大大提高了村民的生活质量；实施福利分房，使村民居住条件大为改善。各项利民措施，使村民生活品质迅速达到和超越城市居民水平。

养老保险 2005年始，村集体出资为村内18周岁以上，男年满60周岁，女年满49周岁的农业户口村民统一缴纳社会统筹养老保险费用，解决其后顾之忧。至2011年，为950名村民上社会养老保险，支付保险费2509万元。2012年，为适应国家相关政策的调整，村委会不再统一为村民办理城镇职工基本养老保险。村委会为每名符合参保条件村民补贴养老保险费2.4万元。

医疗保险 1958年始，农民看病不收费，费用均由公社负担。1961年始，村内设保健站（后改为红医站），实行联办合作医疗制度，即社员每人缴纳2元医疗基金后，看病不收钱，超支部分由社队公益基金负担。1973年，改为社员缴纳医疗基金后，门诊病人负担费用的50%，住院病人医疗费用由队（村）里支付。1987年始，村集体统一为村民缴纳医疗基金。1991年2月，实行乡村两级合作医疗，村民自愿申请，按上年度人均纯收入的1%缴纳年度内合作医疗基金，享受该年度合作医疗待遇。门诊就医不予报销。住院患者在指定的乡卫生院或专科医院住院治疗，报销住院期间医药费的50%。王兰庄村村民的合作医疗基金仍为村集体负担。是年，村内33人次的住院患者报销医疗费6036.8元。1991—1994年，为村民报销医疗费15万元。1995—1998年，为村民报销医药费34.4万元，职工报销医药费18万元。2003—2011年，为村民支付医疗保险，药费报销300万元。2004年，村民缴纳城乡居民医疗保险，全村1980人参保，占总人口100%，参保费4.5万元。2009年，村集体报销医药费45万元。2012年，开始实行二次报销，有300人次报销医药费150万元。开始实行重病患者大额医疗救助政策。是年，村集体为5人次重症患者提供救助金。同时，为保障村民不因病返贫，村民因病住院所产生的医疗费用（不含自费部分和门槛费），除医保统筹支付和区街大额救助外，村委会给予一定补偿。2016 年，全村 2216 人参加城乡居民医疗保险。医疗费二次报销 160 万元。

退休补助 1983 年 1 月 25 日，村内实施《关于老年社员退休规定》。凡男年满 65 周岁，女 55 周岁以上的社员，一律实行退休制。男性年满 60 周岁，女性年满 50 周岁以上社员因病不能参加集体劳动的，可以提出退休申请，经群众讨论、大队批准后享受退休待遇。退休金按参加劳动的年限，男性社员以每年 0.9 元、女性社员每年 0.8 元累计发放；参加集体劳动未满 6 年者和从未参加劳动的，每人每月 5 元。1984 年，每人每月退休金提升至 15 元。1985 年，退休人员补助每人每月涨至 30 元。1987 年，退休人员补助每人每月增加 15 元。1988—1991 年，全村支付退休补助 24 万元。1993 年 3 月，制订《关于王兰庄村民退休政策的补充规定》，对适应退休人员的范围、条件、工龄计算、退休待遇等进行重新界定。1994 年，发放老人退休补助 40 万元。1995—1998 年，发放退休补助 85 万元。2002 年，退休人员补助每人每月涨至 187 元。2003—2011 年，不断提高补助标准，9 年发放退休补助 2046.21 万元。未能参加社保的退休老人退休补助每月每人 1000 元以上，保证全体退休老人的正常生活水平。2009 年，给退休老人发放一次性补贴 744 万元。2012 年，修改完善《王兰庄村农业户籍村民养老保障规定》，开始发放村民退休一次性补助金：凡男年满 60 周岁、女年满 50 周岁，退休时具有本村农业户口 20 年以上的村民，可享受村委会 2 万元一次性退休补助。同年，每名退休老人每月退休金 1125 元。2013 年，为 50 名村民办理退休，发放退休金 573.4 万元，发放一次性退休补贴 100 万元。2014 年，全村退休金支出 422.76 万元，占全村福利支出总额的 11.1%。2016 年，发放退休金 536.5 万元，每人每月 1706 元。

学生补助 自 1992 年始，村内开始对在校中专以上学生发放补助。1994 年，在校大专以上学生每人每月补助 20 元，在校中专生每人每月补助 10 元。2009 年，提高学生补助标准，中专以上在校学生每人每月增至 83 元，同年发放学生补助 14 万元。2012 年，中专以上在校学生补助增至每人每月 250 元。2014 年，发放学生补助 15 万元。

其他补助 随着村级集体经济的发展，村民享受的红利越来越多，村委会发给村民的各项补助不断增加。至 2016 年，有生活费补助、退休人员旅游费补助、春节补助、取暖费补贴、免交物业费、计划生育补贴 6 项。2006 年始，开始为在职职工、临时工、待业人员发放生活补贴，为退休人员发放旅游补助，为退休人员和在职工发放春节补贴。在职职工、临时工、待业人员发最低生活补助，每人每月享受 400 元的生活补贴。

2010年提高到600元，2016年每人每月涨至1000元；退休人员旅游费补助由每人每年600元，涨至2016年的2000元；退休人员和在职职工享受春节补助每人300元，2010年春节补助发放范围扩大到18周岁以上村民，提高到1000元，2016年提高到7000元；2010年，开始为村内18周岁以上村民发放800元取暖费补助，免除其物业费。2016年，发放村民福利费用1.2亿元，其中村民生活费补助1417.2万元，节日旅游补贴101万元，村民物业性开支450万元，其他福利支出1479万元，还一次性为18周岁以上村民发放劳动力补贴每人5万元，全村发放8992.8万元。

链接：王兰庄深入推进惠民行动①

党的群众路线教育实践活动开展以来，李七庄街王兰庄村以实现村民“安居、乐业、有保障”为目标，从经济、民生、环境、文化四个方面深入推进惠民行动，践行党的群众路线。

打好“富民牌”，夯实集体经济基础。经济发展是村民生活的坚实保障，是做好惠民行动的前提条件。王兰庄村两委班子始终紧紧咬住发展不放松，把不断壮大集体经济实力作为村班子奋斗的首要任务，按照“发挥地缘优势，建设大市场，发展大商贸”的思路，抓调整、抢市场、争项目、引资金，走出了一条工业与第三产业齐头并进、共同发展的路子，实现了从纯农业大村向工商业大村的转变，先后完成了津兰国际购物中心等多个服务业载体建设，构筑了卫津南路商贸圈。今年，王兰庄村启动了津兰大厦项目，建成面积达到6万余平方米，预计年收益3亿元，为村民今后生活保障提供了坚实的经济基础。与此同时，为了解决大学生和青年就业难题，王兰庄村还专门建立了“就业服务中心”，面向村民及时统计有就业需求的个人信息，并随时向村民发布招工信息，让群众不出村就能实现就业。截至目前，就业服务中心已安排村民就业150人次。

打好“安民牌”，积极打造美丽王兰庄。王兰庄村在加快集体经济发展的同时，始终把改善村民物质文化生活摆在重要位置。早在2000年规划建设王兰庄花园小区时，便制订了新村建设蓝图：不仅让村民搬进楼房，更要将村民

① 作者程海琴、张红博，原载《天津日报》2014年8月15日。

住宅建设当作百年大计，尽量做到“尽善尽美”。为使村民有一个舒适的居住环境，王兰庄村以美丽村庄建设为抓手，投资1500万元完成体育公园及老村台子绿化提升改造工程；投入500万元用于A区绿化及部分路面提升改造；投入150万元，重新铺设村内柏油路面；投入30万元，对B区排污管口进行切改，整修后的王兰庄花园呈现出步步有花、处处是景的村庄新貌。除此之外，王兰庄村还在居住区内建设了亲水平台、荷花池、图书馆、老年活动中心、书画社、主题公园等人文活动场所。在此基础上，王兰庄村又相继启动了生态体育公园绿化提升工程，总绿化面积达2万余平方米，栽植各类花草树木30多种，在原有的公园小山上修建了仿古阁楼和水榭。改造提升后的王兰庄森林公园，一年四季，无论走到哪里都有绿树环绕，红花相伴，美不胜收。

打好“惠民牌”，落实村民保障措施。随着城乡结合部地区土地资源的日趋匮乏，失地农民的生活保障工作成为当前各村队集体发展的主要难题。为此，王兰庄村从完善保障体系建设入手，先后出台了多项惠民保障措施，全年累计投入各项福利保障1.3亿元，让村民无后顾之忧。例如，为保障退休老人晚年生活，连续多年提高退休费及年节补贴，目前村里每位老人的退休费平均可达到1800元／月。此外，老人每年还享受免费查体一次；针对群众关心的“新农合”问题，村里对村民医药费给予补贴，在合作医疗的额度下，实行二次报销制度，报销比例达89%，村民只需花很少的钱就能享受和城市人口同样的医疗服务。同时，在村居供暖方面，村里投入500万元，配合解决了王兰庄花园B区供暖问题。

打好“利民牌”，大力丰富文化生活。物质生活提高的同时，文化生活也应同步提升，提高村民文化素质，塑造新农民形象。几年来，王兰庄先后投入3000余万元，建成了星光老年活动中心、村民图书馆、梁斌文学馆、天津“一二·九”抗日救亡运动纪念馆、青少年活动中心、中心花园等文化活动和教育阵地，全面启动了津兰文化艺术中心建设，使村里的精神文明建设与经济建设同步发展。同时，村里还启动了“青少年培养计划”，开设了幼儿传统课、国学班，少年合唱团、拉丁舞队等一系列培训课程，使王兰庄的孩子们不出村，就能和城市的孩子一样，在色彩斑斓的环境中茁壮成长。

福利住宅街区

福利安置

2008 年 8 月，村 6 万平方米住宅楼工程竣工。按照制订方案的标准进行福利分房：村民 18 周岁以上每人 30 平方米，18 周岁以下每人 12 平方米，每增加 1 岁增加 1 平方米；独生子女户每人可分 6 平方米，有 763 人享受独生子女分房政策。全村人均增加住房面积 30 平方米。

独生子女福利 20 世纪 80 年代始，村民 14 岁以下独生子女的父母每人每月可领到 5 元独生子女费；母亲年满 35 周岁以上、子女为独生的夫妻每人每月可领到 20 元独生子女费，退休以后夫妻双方每人每月领取 100 元奖励。独生子女家庭可以优先享受入学、就业、养老保险、村居改造分房、扶贫济困等优惠政策。王兰庄花园建成后，在福利分房时，对村民只生育一个孩子、并和村委会签订保证书的家庭，夫妻双方均可享受成人应分房指标 20%的优惠。

链接：王兰庄独生子女户实惠多 [①]

家住李七庄街王兰庄村的村民李华爽这几天特别高兴，小三口没花一分钱就搬进了年初村里新分的一套偏单，看着家中舒适明亮的卧室、宽敞气派的客厅、干净利落的厨房，那股子高兴劲儿全都写在了脸上。李华爽由衷地说："这

① 作者扈树燕、高毅、张淑荣，原载《天津日报》2009 年 6 月 12 日。

啊，多亏了村里的好政策，让我们这些一个孩子的家庭在分房的时候切切实实享受到了实惠。”原来在王兰庄村，像李华爽这样享受分房优惠的独生子女户还很多，这种“少生孩子多分房”的做法也是王兰庄村灵活运用经济政策，落实计划生育政策的一个新举措。

李七庄街王兰庄村地处城郊接合部，在中环线与外环线之间，卫津南路放射线西侧。全村共有村民620户、1800人。早在1999年，王兰庄村就进行了高标准的整体规划和村庄改造，投资1.3亿元建设成社会主义现代化生态文明村，小区规划总面积为44.69公顷，总建筑面积18.9万平方米，其中包括9万平方米村民住宅楼、5050平方米设备和师资一流的王兰庄中心小学教学楼、2500平方米别墅和供热站及小区附属设施近千平方米，硬化道路38600平方米，小区容积率达到0.75%，绿化率达40%左右，投资500万元改建了“一二·九”主题公园，投资1000多万元，建起了2个活动中心健身广场、1个老年活动中心、图书馆、文化馆、书法室、健身房等活动场所，进一步丰富群众的精神文化生活。2000年年底，全体村民没花一分钱就全部搬进了户均135平方米宽敞明亮、设施齐全的新楼房。

几年中，村里先后几次调整完善计划生育利益导向机制，将经济政策与计划生育工作相结合，让独生子女家庭户尽享关爱。如，村里规定凡是本村农业户口的村民，0 ~ 14岁独生子女的父母每人每月可领到5元独生子女费，母亲年满35周岁以上的独生子女父母每人每月可领到20元独生子女费，退休以后夫妻双方每人每月领取100元奖励；符合二胎审批手续，同年退掉指标的家庭村里一次性奖励3000元，退历年二胎指标的一次性奖励1000元。此外，独生子女家庭还可以优先享受入学、就业、养老保险、村居改造分房、扶贫济困等优惠政策，极大地调动了全村干部群众参与响应计划生育政策的积极性，促进了人们婚育观念的转变。

为了进一步提高群众生活质量，创造更加舒适良好的生活环境，王兰庄村又历时两年建设了新村二期楼房，并在2008年年底制定新村福利分房政策的时候，不但权衡全村村民的利益，而且更加重视独生子女家庭利益是否得到保障，特别是充分考虑到了那些服从国家计生政策主动退掉二胎指标的家庭户因人口少而在分房问题上吃亏的弊端，村里层层组织召开了两委班子会、党员会、村民代表会，并根据天津市《人口与计划生育条例》“独生子女父母光荣证”申领及独生子女父母奖励费发放管理办法、《天津市西青区农村独生子女家庭优惠奖励规定》等政策及文件精神，研究、讨论、制订并通过了《王兰庄村农业人口福利分房方案》，即分房标准为每人 30 平方米，对凡具有王兰庄村农业户口的一孩夫妻，自愿终身只生育一个孩子，并和村委会签订保证书的家庭，在分房中夫妻双方均可享受成人应分房指标 20% 的优惠。村计生协会的会员也抓住一切宣传的有利时机，逐门逐户地对计生家庭进行政策讲解和引导。

这一政策的出台，立即得到了村民的积极响应，大多数独生子女家庭纷纷找到村委会，主动要求退掉二胎生育指标，领取了独生子女证。村民崔红利今年已经 49 岁了，早在十几年前就响应国家号召把二胎指标退掉了，一门心思地把女儿教育成了大学生。让崔红利没想到的是，分房前老两口还琢磨着俩人的住宅面积加一起，只够一套独单，要想抓一套偏单还得交不少钱，结果分房政策一出来，不仅住进了偏单，而且夫妻二人还享受到了 12 平方米的分房优惠，高兴和喜悦的心情让崔红利老两口溢于言表，他们发自肺腑地说：“以前总认为分房和计划生育是两回事，因为在农村，任何福利分配都是按人口算，总感觉一个孩子的家庭有点吃亏，真是没有想到，这次分房对我们独生子女户有这么大的优惠，确确实实体现了村里对我们计划生育家庭的关爱，让我们实实在在地感受到了温暖。”

劳动就业安置 2009 年，王兰庄成立村民劳动就业服务站，对全村劳动力就业状况调查摸底，接受就业咨询和请求，有针对性地引导和安排村民就业。是年，向村民推荐就业岗位 100 个，促成就业 20 余人。2010 年，联系用人单位 30 多家，向周边村镇输送村民就业 51 人，向集美集团公司输送员工 196 人。组织 31 人参加岗前培训，并取得上岗证书。2011 年，解决就业岗位 86 个，组织 9 人参加岗前培训。2012 年，联系就业单位 30 余家，引导安排村民就业 130 余人。2013 年，联系就业单位 30 余家，安排村民就业 150 余人。其中本村人员 70 余人，非农业及驻村人员 80 余人。2014 年，组织待业村民参加技能培训，联系就业单位 30 多家，推荐就业岗位 150 多个，实现就业 72 人。2015 年，联系就业岗位 300 多个，安置到岗 86 人。

2016 年，服务站停止运行。

村域文化

王兰庄村民喜爱说书唱戏等文艺表演形式。解放后，建有业余评剧团，配合土地改革和宣传婚姻法，编排演出戏剧和节目。村秧歌会作为喜乐性表演团队，除“文化大革命”期间中断外，一直活跃至今。

集体经济大发展后，村中重视文化建设，先后出资修建幼儿园、小学校和图书馆，兴建多种文化设施，组建各种文娱体育队伍，不断开展读书、文艺展演等文化活动，聘请市内外文学艺术界人士参与村文化建设，使村庄文化生活丰富多彩，村民文化素养和追求品位不断提高，村红色旅游文化繁荣，特色鲜明的村域文化逐渐形成。

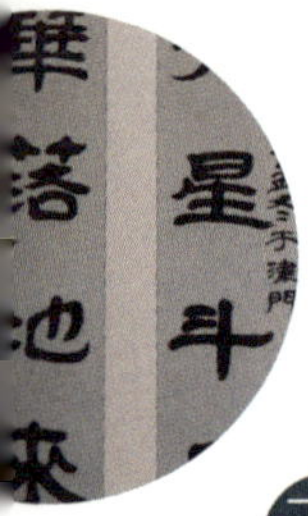

王兰庄村志

曾经文化荒园，今日歌声一片。
文教体卫齐发展，乡村 AA 景区独占。

◉ 文化设施

在文明新村建设中，王兰庄相继设立文化机构，先后投资数千万元，新建1个村中心小学、2个中心健身广场、1个老年活动中心、1个图书馆、1个书

“歌颂祖国　赞美家乡”文艺演出（2015年）

王兰庄小学（2015年）

画室和1个健身房。发动村民以《津兰文明建设实施纲要》为指导，组织力量编写《农村文明礼仪手册》，通过培训和宣传教育活动引导村民富而知礼，倡导健康文明的生活方式。以“一二·九”义务教育点为依托，启动津兰建设文化活动中心项目；邀请知名作家、书法家、画家做客王兰庄，定期举办各类讲座、演出、展览等活动。组织群众成立老年秧歌队、太极拳队、太极剑队、舞蹈队、合唱团等团队，活跃、丰富村民业余文化生活。

王兰庄小学 1936年夏，进步学生到村开展义务教育时，学生中募捐300块银圆，在村内建4间校舍，作为义务教育学校。一年后，由于日伪军在境内设岗驻扎，学校被迫停办。1949年9月，天津县第五区政府建立梨园头联校（以下简称“联校”），设王兰庄小学等4所小学校，有教学班8个、学生302名、教师8名。1968年，联校改为村办学校。1979年，合并村办学校，建立王兰庄中心小学，梨园头小学改为王兰庄小学分校。学校占地面积2900平方米，建筑面积1080平方米。有教学班25个，学生912名，教职工45名。1998年，王兰庄村投资550万元修建王兰庄小学教学楼，占地面积1.1万平方米，建筑面积5250平方米。学校设有全封闭多媒体电视教学系统，建有微机室、实验室、学生阅览室、教工阅览室、多媒体教室，语音、美术、音乐等专用教室以及300平方米的室内健身房。学校操场设有200米环形跑道、100米直跑道，有足球场

梁斌文学馆

和棒球场。在职教职工 70 人，其中小学中学高级教师 1 人，小学高级教师 51 人；大学本科学历 15 人，大专学历 29 人。

梁斌文学馆 设置在王兰庄花园一幢单体别墅内，与天津“一二·九”抗日救亡运动纪念馆、王兰庄图书馆并排而立。馆内陈列着《红旗谱》作者梁斌的部分书画作品、所藏图书以及生前用过的画案和生活物品。

馆内珍藏着梁斌生前最后一幅名联“满天星斗日，一华落地来”手迹，以及多名国内知名书画家的墨宝真迹。是王兰庄人倾心风雅、陶冶情操的休闲处所，时有名家授课，时有名作展览，各种文化活动接连不断。馆内书画室经常聘请专业老师为爱好者授课，举办过多期全国书法名家作品邀请展。

王兰庄图书馆 2005 年 6 月，在天津市图书馆和西青区文化局、西青区图书馆的帮助下，村将南面一幢建筑面积为 360 平方米的单体别墅改建成图书馆，投资 30 万元购置书架、桌椅、电脑和部分图书，安排专职人员进行图书管理，对管理人员进行培训。2016 年，图书馆拥有藏书 3 万余册，管理人员 2 名。自图书馆建成后，每年投入 3 万元购书经费，由天津市图书馆进行业务指导，制定相关规则配置新书，提供图书馆管理软件，配置 IC 卡借阅证，与市图书馆同用，初步实现自动化管理。市图书馆每 3 个月到村图书馆进行图书更新，每次更新约 500 ~ 800 册，藏书处于时常动态更新中，图书馆

梁斌文学馆展厅

梁斌生平浮雕

文体活动中心（2014年）

长期对外开放。

2016 年，王兰庄图书馆为天津市属图书馆下设最大的村级图书馆。

链接：王兰庄村图书馆：感受阅读的力量 ①

当越来越多的人习惯于浏览互联网上碎片式的信息而放弃阅读的时候，在李七庄街王兰庄村却有越来越多的群众从装订精美、散发着纸墨香气的书籍中找寻到了阅读的快乐。村民们手指间触摸到的不仅是纸张所特有的质感，更感受到一份源自阅读的力量。

建立图书馆，传递文化正能量。王兰庄村似乎总在先人一步。2000 年，王兰庄率先完成了新村改造，720 户村民全部搬进了楼房。新村建设的圆满完成并没有让王兰庄村党支部满足现状，考虑到村民们日益提升的精神文化需求，他们决定将村中处于中心位置的八个造型优美的别墅全部用于公建设施，为村民建设文化活动场所和阵地。

经过精心筹备，在市、区文化部门的帮助指导下，总建筑面积 380 平方米、藏书量 2 万余册的王兰庄图书馆于 2005 年 6 月正式对村民开放，为喜爱读书的王兰庄村民提供阅读的好场所、好去处。王兰庄图书馆是当时全市最大

① 作者田建，原载《天津日报》2016 年 4 月 29 日。

中心老师在辅导学生作画

的村级图书馆。建馆 11 年来，村民累计借阅量达 6.5 万人次，极大地丰富了王兰庄人的业余文化生活，让世代与土地打交道的农民在浸满书香的园地中饱食文化食粮。

书籍是人类进步的阶梯，更是改变王兰庄人精神面貌的“营养品”。每周王兰庄村党支部及全体中层干部都自发地聚在一起读书学习，政策理论书籍、经济管理书籍、企业管理书籍，他们从书本上获取了知识，提升了工作能力，增强了自身修养，更为村民们做出了读书的榜样。

为了培养村民的阅读习惯，王兰庄村依托村精神文明办公室先后开展了“治家格言进万家”“我喜欢的一本书”“我拍王兰庄”等活动，让书籍走进村民生活。村党支部制订出台政策鼓励村民接受再教育，奖励考上大学的王兰庄娃娃，营造尊师重教氛围。“培养阅读习惯不是一件容易的事情，需要村里在引导群众、教育群众上多想办法、多下功夫，通过日积月累一点点养成”。王兰庄村文明办主任张娴荣讲。

村里有 20 余名群众是图书馆里的常客、铁杆书友。每周这些“书迷”都要到图书馆里坐坐，相互聊天，谈谈读书心得，“我从小就爱看书，村里没有图书馆的时候，我有时就去天津市图书馆，但总有些不方便。现在好了，不用出村，什么书都能看到，文学方面的、科学方面的、生活方面的、法律方面的，种类很多。”年近六旬的郭大爷如数家珍地把自己看书的经历讲了出来。

李德云是王兰庄图书馆的管理员，从建馆那天起就在图书馆工作。每天她到图书馆后的第一件事就是从一楼到二楼，仔仔细细地将每张桌子、每个角落打扫干净。“看书的地方就得窗明几亮”，作为同年在同龄女孩中为数不多的高中毕业，爱学习的李德云对“书”始终抱有一份崇敬。忙完这些，图书馆陆陆续续迎来了读者。“现在村民们的生活好了，爱看书的人也多了起来，喜欢看什么书的人都有。经常来看书的人的素质也很高，书从哪拿的，走时就还放到哪去”。李德云边整理书籍边说道。

随着社会的发展，互联网已然改变了人们的生活，随处可见的“低头族”也呈现出低龄化的趋势。“怎么才能让孩子们远离网络、手机的诱惑，走进图书馆，从书籍中获取知识和力量”。王兰庄村与王兰庄中心小学合作，组织学生成立“读书班”，每周六，在学校老师的组织下到图书馆开展读书日活动。在读书日活动中，老师和孩子们分别围绕不同主题，开展“我的一本书”“我的读书心得”等活动，极大地丰富了学生的课余生活，培养了孩子们的阅读兴趣，受到了家长的欢迎。

红领巾书吧 2016年5月，村中心小学红领巾书吧正式开放。红领巾书吧系天津市少工委发起的一项读书工程，专为每个红领巾书吧配置统一标识，配发包括中华优秀传统文化、励志教育等内容的图书总计25万册，重点扶持农村中小学少先队组织和少年儿童。红领巾书吧落座王兰庄小学后，成为少年儿童的校园专属阅读阵地。

青少年活动中心 青少年活动中心也称青年书画苑，位于王兰庄花园小区前别墅群内，为在校学生和社会青年课外、业余活动场所。中心聚焦未成年人健康成长，开展丰富多彩的主题教育、兴趣培养、特长延伸等活动，发掘青少年学习兴趣和能力，培养未成年人创新精神和实践能力。开设有国学、绘画、贴画、舞蹈等课程。

活动中心除定期开班外，还定时向青少年开放，通过作品展示、比赛等形式激发其学习热情，发掘其聪明才智。

流动青年宫服务基地 2014年5月，天津流动青年宫服务基地（以下简称“流动青年宫”）在王兰庄村挂牌并举行启动仪式，王兰庄成为该青年宫首批服务基地之一。流动青年宫为青少年精心设计“打地鼠”、体质监测、果蔬雕刻、魔幻气球、人体彩绘、

“你追我赶”等集互动体验和趣味游戏于一体的活动项目，受到参与者广泛欢迎。流动青年宫采取“流动与落地相结合”服务方式，以王兰庄服务基地为平台，每年定点、定时开展常态化服务活动，针对基地需求与服务对象特点，策划开展丰富多彩的文化活动，使近千名青少年在活动中受益。

津兰文化活动中心 位于王兰庄中心公园广场。规划面积 4000 平方米，投入资金近千万元。是推广和普及国学教学、法礼教育的开放式课堂，文有棋牌对弈、诗文应答，武有太极剑客、跆拳道队，乐有老年合唱团、鼓号队、威风锣鼓。每天清晨，随处可见活动的各支队伍。有的是群众自发组成娱乐小组，有的队伍则邀请专业老师定期指导。

2012 年，村民在津兰文化活动中心自编自演大型情景剧《最美不过王兰庄》，引起良好反响。

◉ 文娱团队

评剧团 成立于 1949 年，有演职员 20 余名。1950 年，配合土地改革运动，创作演出相关内容的评剧《跑不了，丢不掉》，深受村民喜爱。剧团结合时事，利用业余时间创作排练节目。1951 年，为宣传婚姻法，评剧团排演评剧《刘巧儿》《王贵与李香香》《小女婿》，广受欢迎。评剧团为李七庄一带较有名气的业余剧团。1956 年，评剧团改为秧歌队。改革开放后，村民不少人喜爱评剧，自发组织评剧团队，进行各种演唱活动。

评剧团演员演唱评剧（2015年）

秧歌花会 1949 年年初成立，由 20 名男青年组成，于节日、庆丰收日和送新兵入伍日举行活动。20 世纪 60 年代后，秧歌队解散。90 年代初，村内 20 余名中老年人重新组建秧歌队，每天早晨或晚上，秧歌队都要排练。2015 年 3 月 3 日，西青区元宵节李七庄分片展演在王兰庄花园举行，村秧歌队精心编排《喜羊羊》系列节目。2016 年元宵节，村举办“锣鼓敲欢声笑 · 金猴起舞闹元宵”民间花卉活动，有近 3000 名群众观看。

舞龙 舞狮 威风大鼓队 2015 年，村组织年轻党员以及待业人员 45 人，组成舞龙、舞狮和威风大鼓3支队伍。聘请专业人员于每周二、周四和周六下午到村进行指导，队员技艺成熟后，在2016年西青区元宵节活动中进行表演，获得群众喜爱。4月26日，3支队伍到北京参加“2016首都市民系列文化活动”。后每于村中有喜庆活动，3支队伍均在村广场进行表演。

◉ 文化活动

王兰庄“金秋之夜”联欢会 2002年9月26日，天津中华基督教青年会在王兰庄中心广场举办王兰庄“金秋之夜”联欢会。在喜气祥和的气氛中，天津YMCA口琴乐团、YMCA东方明珠服饰表演团、青年会义工分会、天津YMCA青年合唱团、天津歌舞剧院、天津河北梆子剧院、天津青年友好使者艺术团、天津京剧院的知名演员们为村民献上舞蹈、魔术、独唱、合唱、京剧、服饰表演、口琴演奏等丰富多彩的文艺节目。

职工书屋 2009年7月，津兰集团公司工会在办公楼设立280平方米职工书屋。书屋集阅读、培训、普法教育、共享信息为一体，包括文史、生活、管理、科技等20类、

2016年9月，国学班在王兰庄村迎中秋庆国庆文化活动展演中表演

4419种、近3万册图书。书屋采取开放式，借阅对象包括集团职工、村域内入驻企业员工、周边居民等。经常以“请进来”方式开展文化活动：每周邀请书画家为热爱书画的职工进行辅导；定期开展读书竞赛活动；在世界读书日当天，开展“用书换绿植”活动；开辟“普法会客厅”，定期邀请李七庄法庭和司法所的相关法律工作人员为职工进行普法教育。2016年，按照“全国文化信息资源共享工程”要求，将“读书分享会”“岗位培训学习”“普法会客厅”和“互联网+”的移动云阅读等拓展内容相结合，满足职工不同阅读需求。

国学班 成立于2013年8月，有教室2间，学生35人，教师1人。每周六上课2小时。最小学生3岁，最大学生10岁。学习内容有《三字经》《弟子规》《千字文》等国学经典。2015年10月，长江商学院EMBA25期3班学生送给国学班中华文化经典书籍。2016年6月4日，王兰庄妇女代表会组织国学班学生及家长开展端午节活动。2016年9月，国学班以“诵国学经典　品浓情中秋”为主题，开展亲子DIY冰皮月饼主题活动。

链接：王兰庄村举办少儿《三字经》《弟子规》诵读活动[①]

为助力文明城区创建工作，日前李七庄街王兰庄村国学班举办了少儿三字经、弟子规诵读活动，为街道机关干部、社区工作者、居民群众奉献了一场“传统国学盛宴”。

据了解，此次活动是李七庄街创城的系列活动之一，受到居民百姓的普遍欢迎。“少儿诵读”作为李七庄街创城活动的重要内容，拉开了全街道国学系列活动的序幕。街道将通过国学讲座、经典诵读、才艺展演等系列活动的开展，大力营造“人人学国学，人人讲文明，国学进万家，邻里一家亲”的浓厚氛围，为李七庄街创建全国文明城区打造文化新名片。

开设红领巾书画班 2014年3月，村委会联合西青区文化馆及王兰庄中心小学共同开设红领巾书画班。书画班利用业余时间免费为儿童开放，村委会提供学习场地及学习用品，区文化馆负责安排有书画特长的文化志愿者进行教学培训，王兰庄小学负责学生的组

① 作者西青区工信委，原载天津知青文明网。

织管理。此项活动以提高儿童的艺术素养和道德情操为宗旨，以不断提升村民的文化素质为目的，树立“从娃娃抓起”的育人理念。村里儿童不出村就能得到艺术熏陶，感受艺术的魅力，学习专业艺术技能，得到村民的高度赞扬和支持。书画班队员从最初的十几人发展到五十多人，课程有刮画，脸谱画、水彩画、蜡笔画、油棒画、陶泥制作、软笔书法及硬笔书法等，参加多次街区展览与交流。2015 年 10 月，书画班 35 名学员的 116 件美术作品在西青区“我的舞台我做主”活动展示中获得好评。

美丽王兰庄百姓生活摄影大赛 2014 年 6 月 22 日，在建党 93 周年之际，由王兰庄村委会、西青区委宣传部、天津市群众艺术馆主办，天津市艺术摄影学会、西青区旅游局等单位协办的美丽王兰庄百姓生活摄影大赛在王兰庄开幕。美丽王兰庄百姓生活摄影大赛历时 1 年，征集照片 2 万余张，展览获奖作品 110 幅。设一等奖 3 名，二等奖 6 名，三等奖 10 名。其中，蔡新的《喜结良缘》、韩品瑜的《美丽王兰庄》、韩毓锟的《晨练》获得一等奖。

书画家献艺 2015 年 10 月 19 日，在重阳节到来之际，西青区政协书画院一行 10 位书画家到王兰庄村，在巨石广场举行为 10 位退休老人捐赠装裱好的书画作品仪式。书画家在现场泼墨挥毫，为村里的退休老人书写字画 100 余幅。

街区文艺大舞台演出 2016 年 7 月 29 日，王兰庄代表李七庄街参加西青区欢乐西青文艺大舞台展演。9 月 18 日，村 100 多人的文化队伍参加西青区“我的舞台我做主”专场演出。

美丽王兰庄百姓生活摄影大赛启动仪式（2014年）

“欢乐王兰庄　情浓意更浓”文化展演　2016 年 9 月 13 日，在村花园广场举行“欢乐王兰庄　情浓意更浓”文化展演活动。活动以“早晨的太阳、午后的时光、傍晚的夕阳”三部分组成。健身队表演舞蹈《你不来，我不老》，古筝队弹奏《洞庭新歌》，少儿国学舞蹈队表演《我学弟子规》、演唱《北京的金山上》《愚公移山》，王兰庄小学学生、村柔力球队先后表演《舞蹈》《天津人》；联村艺术团表演《映山红》《毛主席的话儿记心上》《民乐合奏》《共圆中国梦》；独唱《英雄赞歌》；小学合唱团《大合唱》。演出在舞蹈队表演的《鸿雁》乐曲和舞步中结束。

现代舞专场演出　2016 年 12 月 28 日，天津市中老年文体交流中心 2017“春晚”分会场——现代舞协会专场在王兰庄中心小学礼堂举办。节目以现代舞蹈为主，演员以台上花伞、手绢、扇子为道具，为观众献上一台精彩节目。市中老年文体交流中心，西青区、南开区中老年文体交流中心，天津市音乐家协会，天津市舞蹈家协会领导及村民 200 多人参加并观看演出。

艺术家参与村文化建设　2016 年 5 月 7 日下午，王兰庄社区广场上，由市委宣传部、市文联主办，市舞蹈家协会承办的“第八届天津市舞蹈艺术节开幕式暨天津市文联‘送欢乐　下基层’与民同乐慰问演出”举行。演员们倾情投入，全方位展示舞蹈艺术的无限魅力，引来观众阵阵喝彩。

花园凉亭

风土民情

古运粮河、赤龙河特有的水文化哺育了王兰庄人，形成当地独特的风土民情。立村时，人们从山东、山西、河南、安徽等地迁移至此，依河岸繁衍生息。七八十岁以上老人语音复杂，在当地出生的人口音为纯正天津口音。随着时代变化和经济发展，村人也在继承和变革着祖先的传统习俗：既吸收传统习俗，又不断创新，与现代化大都市习俗相融合。

王兰庄村志

古传良风，村庄犹有旧传统。
树立新俗，新时新事新风尚。

◉ 风味小吃

捻捻转儿

捻捻转儿 将快要成熟的大麦（或燕麦、荞麦）洗净，用碾子碾去皮，用铁锅将水烧开，将洗净去皮的大麦放进沸水内煮熟。从锅内捞出大麦，趁热在石磨中磨成寸余长的细条，收起来备食，食用方法有凉拌、热炒等。根据个人口味，把磨好的捻捻转儿加蒜泥、麻酱、盐等调料凉拌食用，或将韭菜、大白菜切成丝和捻捻转儿一道炒熟食用。清香可口，香味扑鼻。旧时，因捻捻转儿解饱又不易消化，成为干体力活的村人首选。

贴饽饽熬小鱼 是村中历史最悠久、最具特色的小吃，做法也很简单。由于旧时村域水多，盛产各种鱼类，此小吃旧时多以“麦穗小鱼”为主料，先将洗净处理好的小鱼控净水分，用油煎透，然后用葱、姜、蒜等炝锅，放入糖色、盐，将鱼倒入锅内，加汤大火熬。贴饽饽是以玉米面或高粱面为主，有的掺入黄豆面，用手拍贴椭圆形厚饼（即饽饽）在鱼锅边上，待鱼与

贴饽饽熬小鱼

饼子熟后即可食用，鲜美可口。后来随着水域减少，小鱼难得，也多改用小鲫鱼，做法相同，只是随着佐料种类增多，现大多添加料酒、糖、味精和芝麻油等佐料，使鱼味鲜香无比。随着饼铛替代柴锅，饽饽多为圆形。至21世纪，此吃法在村中历久不衰。

轧饸饹 解放前，因细粮短缺，村人创造多种吃粗粮的方法，以改善口感，轧饸饹是其中一种。轧饸饹的步骤是：先把红薯干、高粱、荞麦、干榆树皮等磨成面粉，加温水和好，然后放进饸饹床里。饸饹床是由木架、漏盘儿、木杠组成。即在一个板凳形的木架上面凿个圆洞，圆洞下口包有钻满直径约2毫米圆孔的铁皮，俗称“漏盘儿”，木架上按有木杠，用力加压，杂粮面就被轧成又细又长的饸饹面。将轧好的饸饹面用开水煮熟，煮熟后捞入温水盆中。一般夏季凉吃，调入精盐、香醋、芥末、蒜汁、芝麻酱或炸辣椒油。冬季多是热吃，在饸饹面上浇卤子或加素汤、骨头汤，再撒入香菜、蒜苗丝等，吃起来汤鲜面筋，清香利口，通体舒畅。

发糕 旧时，主食材多为高粱、玉米。将高粱米、玉米用水泡软，在小石磨上磨成浆，加面肥发酵后，兑碱上锅蒸熟即为发糕，然后用刀切成菱形或长方形食用，有时发酵后加小枣蒸成发糕。此传统小吃延续至今，主食材多有变化。人们将小麦粉掺三分之一玉米粉或大米面、黑米面搅拌均匀放进容器中，再加适量水及溶解好的酵母搅拌成糊状，蒙上保鲜膜，

发糕

待面糊发至两倍大时，倒入蒸锅笼屉上面，用铲子或手沾水抹平表面，放一些红枣或枸杞，大火开锅蒸20分钟即可食用。

金裹银饼 先把白面加温水和好醒面。用另一容器倒入玉米面加热水，放适量葱花、食盐、五香面，反复揉搓。将白面先擀成片，用手抓一团和好的玉米面，团成团，放在白面片上，用白面片把玉米面团包裹起来放在面板上，用手掌压成面饼，再用擀面杖擀成八九毫米厚的圆面饼，放在热锅上，像烙饼一样烙熟即可。刚出锅的金裹银饼外脆内暄，两色两味，风味儿独特，里面是金黄的玉米面，外面包裹着白面，就像金子裹在银子里，人称“金裹银饼”。

疙瘩汤 主要食材：西红柿1个；鸡蛋1个；面粉适量；花生油适量；小葱适量；蒜适量。把西红柿洗净切成小块，大蒜、小葱切碎备用。炒锅里放油，油热后下蒜米爆香，把西红柿倒进去翻炒出汤汁，炒到没有块状西红柿后，加适量水，面粉放在一个大容器里，慢慢地一点点加水，一边用筷子快速搅拌，成小絮状。锅里水沸腾后，火关小，保持沸腾即可，把搅拌好的面絮倒进去。放盐适量，鸡蛋尖头磕开一个小口，让锅在沸腾状态下，慢慢把蛋液流进去，边倒边搅拌呈絮状。煮两分钟后，把小葱碎或香菜叶倒进去提鲜，最后滴入几滴香油即可。

疙瘩汤

附：疙瘩汤的来源

据说很久以前，一位老妇人去看望已嫁他乡的女儿，到了中午该做饭时，女儿却犯了难。按说母亲来了该做点儿好吃的孝敬母亲一番，可是母亲来得突然，吃了饭就要往回赶路，一来自己来不及准备，二来婆家的日子也过得紧巴。女儿灵机一动，有了办法。她把家里仅有的一点儿白面盛到碗里，加入一点儿的水，用筷子搅拌成小碎疙瘩，又将一些土豆、萝卜、鸡蛋、大葱、香菜等放入锅内，煮熟后烹了一勺油花，加入盐等佐料，做成一锅不稠不稀、香喷喷的汤饭，小心翼翼地端给娘亲吃。不料，母亲品尝后赞不绝口，女儿悬着的心才放下来。母亲问女儿这是什么饭，女儿告诉母亲是她到婆家后学会做的饭，名叫“疙瘩汤”。从此，这种实惠方便的美食就传遍了千家万户。

菜团子 新中国成立前，村人以玉米面饽饽、玉米面窝头为主食。逢灾害之年，就连玉米面也很难满足。为了填饱肚子，人们只好把野菜掺进玉米面里或用玉米面做皮，野菜做馅做熟了吃。其中最普遍的是菜团子，做法简单，主要用玉米面加温水和面，和匀后放在一边，用湿布盖着醒面。把野菜剁成细末放入油、盐、酱等调料拌匀。面醒好后，抓一把放在手心，拍成面皮，把馅放中间，边转面皮边往上拢，包成圆形的团子，上锅蒸熟即成。随着生活水平的提高，菜团子的馅料也多了起来，有雪里蕻、豆角、白菜、茴香、韭菜、萝卜、马齿苋等，再配上一点肉末，可做成美味的菜团子。或将野菜或其他蔬菜剁成细末，加温水直接与面粉混合在一起，用手揉成丸子状，水煮沸后下入锅内，煮熟后即可食用，俗称菜丸子。进入 21 世纪，人们饮食既讲究营养，又讲究健康，菜团子仍为人们所喜爱。

◉ 婚俗

传统婚俗 新中国成立前，村内男女婚姻听父母之命、媒妁之言，讲究门当户对。男女还要根据生辰八字是否相克等方面决定是否成婚，规矩烦琐。步骤有说亲、“过小帖”、“合婚”、送“红柬”和彩礼、定亲等。结婚前女方“过嫁妆”，男方要做被褥。结婚仪式有拜堂、合卺、闹洞房等。婚后新娘要“坐三天”，新女婿“回四”拜见岳父母，结婚礼仪结束。

新式婚俗 新中国成立后，国家颁布《中华人民共和国婚姻法》，男女青年可以通过自由恋爱结婚，但大多数男女青年仍需经人介绍，双方无意见可以继续交往，双方比较满意就要相家庭，无意见即可订婚，订婚时男方给女方戒指、项链首饰或数额不等的现金。双方符合法定年龄，到乡政府登记领取结婚证。举办婚礼日期由男方与介绍人共同选定，并征得女方同意，婚礼日期确定后不能更改。举办婚礼前一天，女方家派人将嫁妆送到男方家，男方家给送嫁妆之人喜钱并设宴款待。新中国成立初期，多用马车接亲，后来改用拖拉机。

20 世纪 80 年代后，婚俗发生较大变化，民间自办婚礼逐渐改为请婚庆公司承办，接新娘普遍使用汽车，数量都在两辆以上的偶数辆，车档次越来越高。

80年代初，接亲车到男方家，新郎给新娘行鞠躬礼，请新娘下车，一起步行到新房，婚礼主持人逐一介绍家长、主婚人、介绍人及各位亲朋并鞠躬行礼，双方家长、主婚人作简短讲话。一部分男女盛行旅行结婚，家中不摆宴席。旅行结婚后，给亲友发喜烟喜糖。彩礼普遍为“三转一响”（自行车、缝纫机、手表、收音机）、录音机、电视机、大皮箱、大衣柜、衣服若干套；现金少则800元，多则6000元；结婚房要全装修。

90年代，彩礼五花八门，有彩电、全自动洗衣机、摩托车、家具、高档衣服等；现金少则6000元，多则2万元；婚房为砖瓦房。婚宴在酒店举办，迎亲至少用6辆轿车，亲朋好友贺礼日趋高档。

进入21世纪，彩礼数目及档次提升，结婚房为楼房，全新家电、“三金”（金戒指、金耳环、金项链）、电脑、家用轿车等应齐全。婚礼前几个月，要请摄影师拍摄结婚照，男女双方家庭各自到酒店预订婚宴，给亲朋好友发请帖，预订婚礼司仪。婚礼当天上午，男方选择亲属内的一对童男童女随新郎率领车队（少则6辆，多者12辆以上同色高级轿车）到女方家迎亲。迎亲车队到达男方家附近后，鞭炮齐鸣，新郎把新娘从车上抱到新房床上坐福。午饭前选择吉时，新娘乘迎亲车到预定的饭店举行婚礼仪式。婚礼仪式结束后，亲朋好友开怀畅饮，庆贺新郎新娘喜结良缘。随着农村与城市逐步融合，村内婚俗告别旧俗，追随都市潮流，但上午迎亲、中午前举行婚礼的习俗仍然保持。

◉ 丧葬

传统丧葬 旧时传统丧俗颇为烦琐，仪式很多，主要有：“停床”、报丧、奔丧、戴孝、报庙、入殓、选棺、题柩、送路、出殡、下葬、圆坟等。

逝者去世五七日、周年、三周年，亲属要到坟上为逝者举行悼念仪式。每年清明或七月十五中元节，为亡故父母和先祖坟茔拜祭和焚化纸钱等物，以示悼念。

链接：赤龙河上的盂兰会[①]

盂兰会是古人祭祀祖先的日子，也是佛教徒追念在天之灵的祭日。解

① 作者赵宝卿、陈子茹，原载赤龙河的博客2016年8月23日。

放前，每年农历的七月十五中元节（也称鬼节），人们除了到故去的父母和先祖坟茔去拜祭和焚化纸钱等祭奠外，还要以村为单位搞集体祭祀活动。特别是赤龙河沿线村庄，盂兰会办得有声有色，成了王兰庄这一带村庄的一大风景。是日白天，先有发起者通知赤龙河沿线村庄联系人。晚饭后发起村架起两艘大些的木船，载上民间乐队和提前做好的若干荷花灯，先在发起村热闹一番放过荷花灯后，一路吹吹打打，沿赤龙河前行，每到一村，均有人接站，村里的民间乐队出来与船上的乐队会合，一起吹吹打打，放荷花灯。盂兰会最精彩的当是放荷花灯，就是用彩纸做成荷叶与荷花，与蜡烛组成的荷花灯。荷花灯做得很精巧，底下的荷叶翠绿，做成船型，一朵粉红色的荷花盛开，花蕊上插一支蜡烛，完全像一件工艺品。点燃蜡烛，就是一盏灯，放在赤龙河的河面上，让其随水流飘走，寄托人们的哀思。荷花灯放下去，一盏接着一盏，排成长队，顺流而下，成为赤龙河面上一道瑰丽的风景。放罢，村上也派船，载上乐队，加入盂兰会的行列，一起出发。这样，过一个村，加上一两只船，加上一路乐队，经过王兰庄，到梨园头村，船队增加到十几只。这时满河的灯火船只，民间乐队齐奏，简直就是自发的民间音乐大会演。再看那满河筒子里的荷花灯，自上游往下游漂流，烛火萤萤闪烁，连成一气，装点得赤龙河面的夜景风光无限。

盂兰会结束后，全村人聚集到村中的土庙。这座两排房的土庙，平时无神供奉，每逢七月十五日盂兰会，庙里张挂神龛，供奉达摩老祖，全村人就此聚餐。

新式丧葬 新中国成立后，不再诵经搭棚做道场，引魂幡代以花圈花篮，披麻戴孝改为臂戴黑纱，叩头改为鞠躬默哀，增加召开追悼会等新形式，丧事从简已成惯例。20世纪70年代中期以后，全部实行火葬。人死后，遗体在家停留3日，举行简单的悼念仪式，于第三天火化。丧葬期间，亲朋好友送花圈花篮、挽联、挽幛等以寄托哀思。80年代后期，丧葬旧俗有所回潮，穿衣戴孝、高搭灵棚、吹打奏乐、诵经念佛、观灯，渡桥、送路、纸糊扎彩等一如往昔；加之送花圈、纸糊的冰箱、彩电、洗衣机等，车队送葬浩浩荡荡，形成新旧混合的形式。葬后还要摆宴席招待宾客，答谢众人，花费金额亦较大，成为事主的负担。

90 年代，村里成立红白理事会，推行对丧事从简，厚养薄葬。1998 年，村里投资 85 万元建成海会园灵堂，村内逝者骨灰盒均免费存放到灵堂，为村民提供祭祖场地，出殡等旧俗多被摒弃。

进入 21 世纪后，村内殡葬管理制度不断完善，实行住区片长责任制，强化白事理事会的职责。丧主不准戴重孝，只允许“三道白”（戴白帽子、系白腰带、穿白鞋），提倡戴青纱、白花。不准大吃大喝，不允许设酒宴。村委会免费提供到火化场装尸用的棺材和大轿车、运输车各 1 辆。丧主如按村里制度办丧事，可追加 1 个月工资，得到一定数额补助，与福利待遇和工资挂钩。

◉ 方言谣谚

村中语音语调均与市区无差别，方言谣谚也很相近，唯农事类留传较多，今仍偶有使用。

方言

倍儿（特别）

哏儿（有意思）

头响火（上午）

过响火（下午）

夜来个（昨天）

赶后儿（后天）

大建（农历大月一个月 30 天）

小建（农历小月一个月 29 天）

年五更（除夕夜）

吃喜面（订婚）

并骨（夫妻合葬）

起腻（找事儿）

坐地炮（撒泼要赖）

落道邦子（行为不端的人）

二把刀（对某种工作知识不足，技术不熟练）

扛刀（挨饿的意思）

打眼了（未辨别清楚而买了假货）

罗罗缸（事情拉扯不清，麻烦事）

编笆造模（无中生有，造谣生事）

轴子（性情固执的人）

栽了（脸上不光彩，当众出丑）

起五更（凌晨起床）

刮拉雷（霹雳）

贼星（流星）

老爷儿（太阳）

火柿子（西红柿）

地蚕（蚯蚓）

蝲蝲蛄（蝼蛄）

癞蛤蟆（蟾蜍）

长虫（蛇）

蛤蟆（青蛙）

猪秧子（小猪崽）

羊羔子（小羊）

牛犊子（小牛）

女猫（母猫）

郎猫（公猫）

叫驴（公驴）

儿马（公马）

民谣

穷家难舍，热土难离。

浇树浇根，交人交心。

人心似铁，官法如炉。

刀不磨生锈，人不学落后。

来说是非者，便是是非人。

贪多嚼不烂，费力不讨好。

要在人前显贵，必在暗地受罪。

正人先正己

不蒸馒头争口气

贪便宜受害，爱小丢人

身正不怕影斜，脚正不怕鞋歪

指亲不富，看嘴不饱。

越怠越懒，越吃越馋。

编筐编篓，全在收口。

谚语

水缸穿裙山戴帽，蚂蚁搬家蛇过道，燕子低飞老牛叫，蛤蟆吵坑雨就到。

日晕三更雨，月晕午时风。

一场秋雨一场凉，三场白露一场霜。

七月十五定旱涝，八月十五定收成。

八月十五云遮月，正月十五雪打灯。

黑夜下雨白日晴，收得粮食无处盛。

月亮戴草帽，明日把雨闹。

东虹云彩西虹雨，南虹出来卖儿女（指将涝）。

头伏有雨，伏伏有雨；头九有雪，九九有雪。

黑云黄稍子，必定下雹子。

数闪电雨成线，横闪电雹成片。

天有骆驼云，雹子要来临。

老石旧砖，出汗闹天。

傍晚火烧云，明天晒死人。

开河不过惊蛰，春分地气通。

夏至雷鸣三伏旱。

云彩往东，一阵大风，云彩往北，一洼大水，云彩往西，王母娘娘披蓑衣，云彩往南，王母娘娘撑船。

春耕深一寸，顶上一茬粪。

家土换野土，一亩顶两亩，地种十年亲如母。

要吃碱地饭，就得拿粪换。

种麦不怕草，就怕坷垃咬。

白露早，寒露迟，秋分种麦正当时。

今冬麦盖三层被，来年枕着馒头睡。

五月不耙地，六月干生气。

七月枣，八月梨，九月柿子红了皮。

倒茬如上粪，种地要好，三年一倒。

人误地一时，地误人一年。

今年留下一棵草，明年一车拉不了。

种蒜不出九，出九长独头。

头伏萝卜二伏菜，三伏有雨种荞麦。

长木匠，短铁匠。

争着不够，让着有余。

包子有肉，不在褶上。

宁省囤尖，不省囤底。

前头有车，后头有辙。

人过留名，雁过留声。

饭后走百步，不用开药铺。

不受苦中苦，难得甜上甜。

一物降一物，卤水点豆腐。

好事不出门，坏事天下闻。

能受少时苦，不受老来贫。

犯病的别吃，犯法的别做。

远亲不如近邻，近邻不如对门。

砍得没有镟的圆。

挨着勤的没懒的。

能人背后有能人。

饱带干粮暖穿衣。

同着矬人别说短话。

会说的不如会听的。

受多大苦享多大福。

春捂秋冻，一辈子不生病。

千年饿不死手艺人。

夜晚千条路，挡不住赶明儿卖豆腐。

骑驴的不知赶脚的苦，饱汉子不知饿汉子饥。

饱时给一斗，不如饥时给一口。

初生牛犊不怕虎，长出犄角反怕狼。

好男不吃分家饭，好女不穿嫁时衣。

强中更有强中手，莫在人前自夸口。

歇后语

癞蛤蟆想吃天鹅肉——心高妄想

井里的蛤蟆——没见过大天儿

老鸹（乌鸦）落在猪身上——看见人家黑，看不见自个儿黑

老鼠拉木锨——大头儿在后头

尖嘴骡子卖驴价——坏嘴上了

秋后的蚂蚱——蹦不了几天了

鞋底抹油——溜了

庙里头失火——慌神了

正月十五贴门神——晚半个月啦

砂锅捣蒜——锤子买卖

头上长疮脚底流脓——坏透膛了

抱着元宝跳井——舍命不舍财

怀里揣马勺——盛（诚）心

推小车的拾搭腰——有袢（盼）儿了

心里长草——荒（慌）了

拽着胡子过河——牵须（谦虚）

倒了碾子砸了磨——石（实）打石（实）

冻豆腐——难拌（办）

蛤蟆跳井——卜咚（不懂）

老虎拉车——没人赶（敢）

打铁的钳子——好夹火（家伙）

大饼卷蚂蚱——夹（家）吃去

艺文杂记

由于贫穷落后，旧时村教育文化水平较低，文化成果少。民间流传有“饮龙潭”“赤龙河的故事”等一些传说抗日战争、解放战争时的许多故事，表现出王兰庄村民对革命队伍英勇对敌的歌颂。新中国成立后村民自创的歌谣，反映了村民生活的愿望与追求。王兰庄花园建成和设立天津“一二·九”抗日救亡运动纪念馆后，村民为歌颂新生活、纪念抗日救亡运动，创作了一些多媒体作品。

抚今忆昔发诗兴，挥笔讴歌新生活。
每念『义教』犹感奋，村民犹唱『救亡歌』。

◉ 诗歌剧本

20世纪30年代后期，来村义教的学生教给村民许多进步歌曲，这些歌曲曾在村中广泛流传。五六十年代，村民以饱满的激情创作顺口溜式的“诗歌”。王兰庄花园建成后，村民满怀激情创作情景剧本，歌颂新生活的美好。

歌谣新诗

扫盲

“文化革命”开了花，男女老少笑哈哈，
多亏恩人毛主席，号召咱们学文化，
会写会念会计算，永远不当睁眼瞎。

挑河

一条扁担两头颤，挑起土来放上肩。
迈开大步往前走，压得扁担弯又弯。
挑的姑娘直冒汗，挑的小伙脱汗衫。
挑到星星天边挂，调到太阳沉西山。

挑出土来堆成山，洼地变成米粮川。
灌溉良田千万亩，造福子孙万万年。

我们的生活比蜜甜

石宝海

我唱一回
美丽的乡村谱新篇
王兰庄人民笑开颜
改革开放我村巨变
农民的生活比蜜甜
你看那
高楼大厦连成片
清清的河水蓝蓝的天
和谐的环境多美满
百姓们人人乐安然
现如今养老看病有保险
儿女不用把心担
养老费月月关
逢年过节准翻翻
老人们乐得合不上嘴
老年节又领东西又领钱。

最美不过王兰庄[①]

许乃华

十里八乡，最美不过王兰庄。

那位说了，你是干什么的？我是农民，看着王兰庄种地的农民。俺知道：种在地，收在天，“重在犁上，收在锄上”，赶海看潮水，种庄稼知道季节——看涨。三十多年

① 此文为情景剧本。

前，这里一个工分一角三，平均每人半亩地，住的是砖坯房，土围墙，一天挣十分，收入才是一块三角钱！现在还是种哟，收入就不一样喽！多少，您猜？三十年，一百翻儿。还是那些人，还是那块地，还叫王兰庄，家家户户年平均收入，就飞机上挂胆瓶，超水平，过了十万块钱喽，对十万——以上。

王兰庄，原来名叫王来庄。80 年代，这里来了王，农民天生离不开种，还是在这片长庄稼的土地上，跑的是运输，比的是眼光。先是种起了车轱辘，然后种机器、种厂房、染料、制药、拔丝、轧钢……跟红高粱、白高粱、黏高粱一样，种出来乡镇企业一大帮，许多人眨麻着眼睛，还不知道怎么回事儿呢，这里的土房换砖房，铁杆儿庄稼已经上了房，天津卫最早出的万元户，十个里边有三四个，出在王兰庄，要不怎么叫王兰庄里来了王呢？

90 年代王兰庄，仍然以土为本地是娘，种竹子拔节的利用地域和厂房，先天津之天的种起一片大市场，那时候八里台以北的人们买什么，挂在口头的一句话，都叫王兰庄，买家电，王兰庄；买水产，王兰庄；农贸产品，王兰庄；食品批发，王兰庄；旧物调剂，王兰庄；机动车交易，王兰庄。种地的农民王兰庄，赫赫有名种起了商，家家户户鸟枪换了炮，拆了平房、小院建楼房，王兰庄成了城市著名的“红高粱”。

最早种菜、种粮的王兰庄，最先种轱辘，种厂房的王兰庄，后来又种商、种市场的王兰庄，现在种什么呢？建起国际商贸中心，投资金融、房地产，投资大企业，种起了资本和银行！喔，天哪，一个小小的，一个千口人的王兰庄，十年一步一个种地人的大动响，种起了户均两套花园楼，种出了国家获奖的别墅房，别说银行里有手数票子，一个出租的集美家居广场，年租金的收成就一亿两千万哪，这不成了种智慧，收金子吗？你说，这样王兰庄能不富，能不美吗？他是那个王，对，他是那个——王。

农闲时，两委班子带领老人到外地转，看一看伟大的祖国锦绣河山。老人们说我连火车都没坐过，到如今又坐飞机又坐轮船，这样的生活有多美满，咱老人的生活赛过神仙。

您再到小区里看一看，树成行，马路宽，草坪绿，百花鲜，宽大的广场带喷泉，健身设施样样有，练好身体建家园。到晚上文化生活也很丰富，扭秧歌，跑旱船，抖空竹，打太极拳，大人小孩儿在玩要，众乡亲，亲亲热热把心谈，我在这里把歌唱，用美好的歌声赞家园。

（唱）双脚踏上改革的路 ......

改革开放无限好，这美好的生活充满人间。

◉ 传说　故事

赤龙河的故事

赤龙河源起年月失考。这条河原为宣泄城厢、城南积水之用，经护城河北通南运河，南通墙子河、卫津河。旧时王兰庄村一带百姓长期通过这条河向市区运送货物商品，因此成为人们赖以生存的水上交通要道。

相传，很久以前在一次海潮上涨时，一条在东海作孽后逃到渤海湾的红色恶龙顺着潮水窜进护城河，潮水下退后，这条龙又逆流窜进与护城河相通的宣泄城厢积水用的污水河里。恶龙在污水河定居后经常兴妖作怪，常把河水搅弄成红色，并使河水淤滞、污浊四溢，于是人们便将这条河称为“赤龙河”。解放后，天津市兴建下水道、抽水站，这条臭河以及那个臭三岔口的面貌有天翻地覆的改变。赤龙河上段地表填平后被改建为公园、马路和运动场，由赤龙河故道改建的街道被称为赤龙南街和赤龙北街。因城市规划需要，部分原赤龙河河段得以保留，成为都市景点。

饮龙潭的传说

饮龙潭位于王兰庄村南，现址为一条普通的河沟。在清乾隆年间（1736—1795），是一个方圆有 10 亩之广的大潭，潭水常年碧绿清澈，潭边绿草环抱，鲜花竞放，景色宜人。在水潭东北处有一座火神庙，庭院中有一棵古槐树。据说，香火旺盛时，曾有一条青龙在此栖息，每当口渴之时，尾绕树干，探头水潭，饱饮潭水。此后，“饮龙潭”名扬乡里。

津南支队抗战故事

1942 年是抗日战争最艰苦的一年。5 月，侵华日军对冀中平原抗日根据地发动残酷的“五一大扫荡”。刚刚组建的津浦支队（一年后改称津南支队）在支队长李轩的带领下，奉命来到津南一带开展群众工作，建立根据地，开辟交通线，以巧妙的战术不断打击、骚扰敌军。1944 年秋季，晋中解放区派以张玉浦为队长的武工队来到王兰庄，根据上级指示开展“反资敌”斗争，在王兰庄一带建立“反资敌”联防线，在各村建立秘密游击小组，相互间密切配合，深入敌人的心脏，从各个方面沉重打击敌人，留下很多战斗故事。

智取炒米店据点 炒米店据点是天津的西大门，那里驻守着伪军赵福堂部的一个分队。伪军分队在据点外设卡，对过往行人进行盘查勒索，素有“雁过拔毛”之称，群众对他们恨之入骨。1943年春，为了打开进入天津南部的通道，打击敌人的猖狂气焰，津南支队派出冯景泉等6名武工队员偷袭炒米店。他们化装成小商贩、挑柴夫等从大沙窝过南运河，在铁路一侧停下来观察敌情和地形。这时，一个卖烧饼果子的小贩走过来，冯景泉上前搭讪，一边买果子一边打探据点周围情况。天黑之后，几名武工队员陆续来到炒米店据点附近，哨兵问道：“干什么的？”一名队员答道：“做买卖的，天黑了找店住。”对话之间冯景泉突然用枪抵住哨兵，低声喝道：“我们是八路军，缴枪不杀！”伪军哨兵连连求饶，老老实实地缴械投降。武工队员迅速进入敌人据点，一枪未发便将据点内十几个伪军全部俘虏。这次战斗共缴获长枪13支，短枪1支，手榴弹8枚，电话机1部。他们将伪军押到村外进行教育，告诫他们不要忘记自己是中国人，应该调转枪口积极抗日，绝不允许再为非作歹。伪军们一一承诺后全部释放。拿下炒米店据点，对周围据点的伪军形成极大的震慑，甚至主动与武工队员建立联系，为八路军活动提供方便。从此，武工队在这一地区更加活跃，不断取得战果。

津门拔牙 芦北口据点是进入天津的第一道关卡，这个据点有个姓张的伪军班长，经常对出入关卡的老百姓敲诈勒索，老百姓对他非常痛恨。我武工队了解到该伪军班长常在附近的茶馆喝茶，决定好好教育他。1943年9月的一天，武工队派赵瑞深、李占鳌二人混入据点附近，相继将其抓获；同时派纪金斗、崔子玉等人埋伏在公路一侧接应。赵瑞深、李占鳌二人走进茶馆入座后假装喝茶观察周围情况，他们看到茶馆里只有姓张的伪军班长一人在喝茶，便一面打招呼一面走了过去，并出其不意夺走他的手枪，对他说：“跟我们走一趟！”伪军班长只好跟随二人走出茶馆，李占鳌在前、赵瑞生在后，伪军班长走在中间，这时公路上突然开过来几辆汽车，伪军班长趁赵瑞深和李占鳌二人不注意，拼命从两辆汽车中间穿过去，一边跑一边喊：“八路来了！八路来了！”赵瑞深和李占鳌二人赶紧撤退，岗楼上的伪军随后追过来，崔子玉连开三枪，后面的同志扔了两颗木柄手榴弹，伪军们吓得拔腿就跑，躲进岗楼。武工队员带着缴获的手枪很快撤出芦北口。武工队在日军眼皮底下的芦北口行动影响很大，日伪军从此不敢嚣张。

巧夺枪支 1944年7月的一天，伪天津米谷统治会的三名警察在侯台子一带稽查稻米，与我武工队员王宝林、王海山、李林清、孙玉发相遇。为了惩治敌人，李林清骑着自行车径直向1个伪警察撞去，王海山也迅速跟上，3个伪警察还不清楚怎么回事就被收缴了武器。武工队员将3个伪警察捆起来，警告他们不能继续作恶，必须痛改前非，然后将他们扔到壕沟内安全撤离。这次行动缴获2支三八大盖枪、1把手枪和一百多发子弹。

袭击日军岗楼 1945年6月，我敌后武工队挺进到离天津20华里的陈台子及杨柳青一带，伺机消灭日伪军。7月中旬，武工队袭击4号房附近的日军岗楼，消灭日军近1个小队，打死日军13名，俘虏2名。战斗结束后，武工队员还以打水为掩护，在纪庄子大桥附近开枪打死一名日军。

夜袭敌据点 1945年8月，抗日战争的胜局已定，我武工队根据形势的发展，开展大规模进攻性战斗。月初的一天，武工队正在王兰庄召开干部会，我方在李七庄的侦查员报告说："古河窑厂的日寇已全部撤走，只剩下十几个伪军。"武工队领导人张裕普遂乔装成农民，机智地闯过岗哨，来到李七庄探明情况，随即赶回王兰庄，决定对窑厂伪军进行夜袭。

当天夜里，刘振奎、翟老虎等几个武工队员在张裕普率领下，悄悄绕过敌人的岗哨，穿过半人高的荒草地直奔古河窑厂。窑厂外站岗的伪军还哼着小调，武工队员悄悄地摸上前去，迅速用毛巾堵住哨兵的嘴，捆绑结实来到岗楼门前。岗楼内伪军还在打麻将，武工队员将门踹开，几支枪一齐对准伪军，伪军立刻吓得举手下跪求饶。张裕普向他们讲解解放区的政策，没收他们的武器，将其全部捆绑后，率武工队员安然转回王兰庄。此次袭击后，伪军再不敢出来活动。

抢收敌人物资 1948年秋，古河窑厂附近日军经营的2000多亩稻子已经成熟，有十几个日军在看守。在胜利在即的情况下，武工队决定"抢收稻子"，不让粮食落在敌人手里，便组织各村60多名青壮年乘船开往稻田，一上午就收割两船稻子。由于奸细告密，下午看守稻田的日军赶来用机枪扫射割稻的群众，武工队与敌人展开战斗，用火力掩护群众割稻，这一下午割的稻子又整整装了三大船。当纪家庄的大队日伪军乘汽车赶来时，武工队掩护群众已经安全回村。8月中旬，日军企图在投降前把窑厂仓库的大批物资运走。武工队闻讯后，立即与当时驻守在梨园头的我军二十三团某排取得联系，一起攻打广发、德新窑厂，组织群众夺取物资。窑厂的日军企图顽抗，被我军火力压得抬不起头来，加上数百群众喊声震天，吓得日军从铁丝网底下钻出去逃回李七庄。这一次战斗，群众夺回一大批猪、羊、耕畜和家具物资，还夺得几头奶牛，全部分给贫苦农民。

水榭凉亭

人物

王兰庄历史上贫穷，文化教育落后，未出现著名人物。由于位处天津近郊，近代重大事件对村庄有所波及。1936年，贺龙夫人薛明等一批进步学生曾到村开展义务教育，宣传抗日救国，村中许多人心中向往革命，其中一些人加入中国共产党。半个世纪后，薛明等人又几次回到村里参观访问。早年在这里生活和战斗过的著名人士还有：姜思毅、慕湘等多位将军和原煤炭部副部长徐达本等高级干部。

村人刘振奎成为天津市最早的农村中共党员之一。

◉ 人物传

刘振奎 （1908—1992），王兰庄村人，天津市农村最早的中共党员之一。刘振奎生于一个贫苦的农民家庭，青年时期以打短工、熬硝盐和运私盐糊口。1936年暑期，天津进步学生到王兰庄村开展义务教育，宣传抗日救亡运动，刘振奎和村里的其他年轻人一起参加活动，与进步学生朝夕相处，学识字，学唱抗日歌曲，思想觉悟有很大提高，很快就和进步学生一起投入抗日救亡宣传活动，抵制日货及反走私，成为抗日救亡活动积极分子。暑期过后，刘振奎等人加紧联系，秘密建立农民救国会（以下简称“农救会”），会员由十几人发展到四五十人，成为王兰庄开展抗日救亡运动的核心力量。

1936年9月，经慕湘介绍，刘振奎参加中国共产党，成为村里的第一位共产党员。1937年春，在党支部领导下，他到附近村庄进行抗日救亡宣传，参加对蔡台、炒米店等地的伪警察进行分化争取，参加抗日游行、反走私斗争等活动，还组织动员农民群众支援二十九军抗击日军，在阵地上抢救伤员，为战士们送水送饭。1937年天津沦陷后，定期去市内土城一带，和转入市内的支部书记陆平联系。他带头参加抗日斗争，带领农救会会员拦截日军

贺龙夫人薛明（左一）与村第一位党员刘振奎（1986年）

运送粮食弹药的大车，缴获粮食弹药和日军军官的佩刀。此后，根据党组织指示，曾乔装成各种身份，巧妙灵活地在八里台、西营门等地散发抗日传单。1938 年 9 月，王兰庄党支部由中共平津塘点线工作委员会天津城委书记顾磊（严子涛）领导，初期顾磊通过崔建华和王兰庄党支部联系，后来顾磊直接和王兰庄党支部负责人刘振奎联系。1940 年春，顾磊派刘振奎到平西根据地学习，回村后担任党支部书记。赵普暄接任点线工委书记后也直接和王兰庄党支部联系，王兰庄党支部成为党在天津近郊的秘密联络点。1941 年，赵普暄被捕。1942 年 2 月，顾磊撤离天津。至此，王兰庄党支部和上级党组织失去联系，但刘振奎仍然坚守岗位，积极寻找组织。

1944 年 10 月，中共冀中区九地委第七工作组决定与刘振奎建立工作联系（因隶属关系不同工委无权解决党的组织关系），让刘振奎配合工作组，组织与发动群众开展游击战，建立村政权，农会、民兵等组织。

抗战胜利后，刘振奎参与消灭四号房日军的战斗。1948 年，受到国民党通缉，他转移到北仓的亲戚家扛活、打短工，直到天津解放前夕才回到王兰庄。1949 年 1 月天津解放后，刘振奎立即到天津县委报到，参加干部训练。1951 年，天津县第五区成立王兰庄供销合作社，刘振奎被任命为主任。1958 年，被调到白塘口供销社。1965 年，因健康原因退职回家。后一直在家，以普通村民身份参加劳动。

1986 年 12 月，天津市委批准恢复刘振奎党籍。

1992年，刘振奎因病去世。

◉ 名人与名村

20世纪80年代后，随着王兰庄经济腾飞到花园别墅建成，市区领导和社会贤达很多人关注王兰庄，为村庄建设献计出力。抗日战争时期到王兰庄参加义务教育的薛明、徐达本、姜思毅等国家和军队高级干部，纷纷再次回到王兰庄寻访参观，参加天津“一二·九”抗日救亡运动纪念碑和纪念馆落成等活动。时任市委、市政府领导的倪志福、张淮三及后任市委书记张立昌等都对建立纪念碑和纪念馆给予支持或到村作指导工作。在村文化建设中，作家梁斌的后人和多位舞蹈家、书画家及文艺工作者到村参与文化建设，对王兰庄建设做出贡献。

薛明关心义教遗址建设 1936年暑期，一些地下党员带领天津学生到王兰庄参与义务教育活动。其中包括总参政治部原顾问薛明、原煤炭部副部长徐达本、中将姜思毅、少将慕湘、商业部原顾问程宏毅等人。

阔别半个世纪后，薛明与一起参加义务教育的陈凯于1986年重回王兰庄，拜访接受义务教育的老党员，到义务教育学校旧址和演剧、开会的土台处重游，与乡亲们亲切交谈，回忆在村的往事。薛明等人和老党员、村干部及群众合影留念。

郭宝印获全国第五届“十大杰出青年”称号 1984年，王兰庄党支部书记郭宝印带

1986年，薛明（前排右四）陈凯（前排右二）等与村民合影

领村民艰苦奋斗，创办津兰实业开发公司，使王兰庄经济建设和社会事业取得突出成绩。郭宝印获第五届中国十大杰出青年称号，在北京出席颁奖期间，受到时任中共中央总书记、国家主席、中央军委主席江泽民等党和国家领导人的接见。

梁斌文学馆塑像

梁斌文学馆落成 21 世纪初，王兰庄花园建成后，文化设施不断完善。2005 年，为了使王兰庄文化氛围更加浓郁，村两委会决定吸引更多文化名人到王兰庄创办基地或设立场馆。恰逢梁斌的后人到王兰庄参观考察，和村负责人达成协议，决定在此设立梁斌纪念馆。一栋 380 平方米的公建别墅经过装修改造后，梁斌纪念馆落成。梁斌后人将其一些书画作品、书籍、生前最喜欢用的画案和其他使用过的物品存放在馆内。在纪念馆一楼，有一座梁斌的全身雕像。

梁斌代表作《红旗谱》

花园雪景

大事纪略

从立村始，随着时代的变迁，村中发生一些重大事件，对生产和村民生活产生重要影响。新中国成立后，农业体制发生根本性变化，确立了村集体经济基础。改革开放后，迅速向工业化经济转变，使村庄由贫穷快速迈入小康社会。其间，创建津兰集团，并发展为全国性企业集团，成为村经济大发展的重要节点。此后实行旧村改造，修建“王兰庄花园”，实施多个重大工程项目，建立村民福利保险制度，使村中面貌和村民生活发生重大改变，引起社会广泛注目，王兰庄成为天津最有影响的村庄之一。

◉ 明洪武年间（1368—1398）依河傍水立村庄

明洪武年间（1368—1398），一王姓移民到此，见水草丰美，河沽众多，便择高处定居下来，遂演化成村落，从此始有王兰庄村。

◉ 1958—1985 年生产队情况

1958 年，东风人民公社下设联村队，王兰庄村设 4 个生产队。1963 年，实行人民公社、生产大队（村）、生产队“三级所有、队为基础”的管理体制。20 世纪 70 年代，村内分为 8 个生产队。1982 年，实行口粮田、责任田“双田”制。1983 年 6 月，撤销人民公社建制，村内建立村委会和生产联合社。1985 年，村内实行大包干责任制，生产大队和生产小队机构正式解散。

◉ 1983 年为老年村民生活上“双保险”

1983 年，开始为年满 60 周岁男性村民和年满 50 周岁女性村民发放退休金，每人每年能领到 180 元。此后退休金逐年增长，2016 年每人每月达 1706 元。

2006 年始，为退休人员发放旅游补助和春节补助费。2008 年，为老人制定分配福利分房政策，村里 70 周岁以上老人均分到 60 平方米。2012 年始，老人每年免费体检一次，免收物业费、发放取暖费。2016 年，增加旅游补助和春节补助费，每人每年可得 9000 元。2012 年，统一缴纳城乡居民医疗保险费用，大幅提高老年村民医疗救助比例。村民因病住院所产生的医疗费用，除医保统筹支付和区街大额救助外，村集体给予 90% 补贴。

◉ 1989 年首创国内碱性桃红精 6GDN 新产品

1989 年，津兰集团引进高科技人才，聘请一批化工界高级工程师，组成津兰染化研究所。经过研究人员反复试验，试制成功桃红精 6GDN 新产品。是年 5 月，天津市科学技术委员会组织国内知名专家、科技人员和使用单位，对产品进行技术鉴定，结论为："碱性桃红精 6GDN 是国内首创的新产品"，鉴定委员会建议尽快批量生产。村化工厂经过小试、中试，进行设备改造，于 6 月 20 日正式出产第一批产品。

◉ 1995 年津兰集团成为全国性企业集团

1984 年，成立津兰实业开发公司。1989 年 6 月，津兰实业开发公司更名为天津市西郊区津兰企业有限总公司（以下简称"总公司"），下属企业 10 个。1993 年，总公司更名为天津市津兰企业总公司，下属公司 7 个、企业 42 家。是年，市政府批准组建天津市津兰集团公司（以下简称"集团公司"）。集团公司注册资金 6800 万元，总资产 26.8 亿元。1995 年，被农业部批准为"全国乡镇企业集团"。2009 年 10 月，集团公司被第六届太平洋国际贸易暨国际生态城市建设博览会组委会誉为"中国城市开发杰出贡献企业"。2003 年始，投资 2.43 亿元参股金融机构。2016 年，集团公司拥有独资企业 10 余家，参股企业 5 家，总资产 60 亿元。

◉ 1999 年开始修建王兰庄花园

1990—1996 年，分 3 批建设公寓楼房 7 栋、2 万平方米，作为平房改造的第一批居民住宅楼。1998 年，续建 3 万平方米住宅楼和小学教学楼。1999 年，市政府将王兰庄村列为全市首批新农村建设 100 个试点单位之一，从政策、资金和规划、设计等方面予以优惠和扶持。8 月 28 日，市政府办公厅专门召开会议，听取《王兰庄村旧村改造规划方案》汇报，成立王兰庄旧村改造领导小组。村干部和市城市规划设计院专家一起到外地考察学习，协同完成《王兰庄村旧村改造建设规划方案》修订。年末，王兰庄花园二期工程启动，翌年竣工。小区设计新颖别致，为现代欧洲乡村风貌，整体和谐优雅，景美如画。2001 年，在市规划局组织住宅小区建设评比中，王兰庄花园获得“詹天佑奖”等 3 块奖牌。2006 年，完成三期项目 8 栋、4 万平方米主体建设。2007 年，4 栋主体工程封顶。2008 年，三期工程竣工。2012 年，花园小区在市美丽乡村评比活动中，以总分第一名获“天津市美丽乡村”称号。

◉ 2007 年始建津兰国际商贸中心

2007 年，津兰国际商贸中心项目被确定为津兰商贸街提升改造工程 14 个主项目之一。位于津兰商贸街北端，设计为 5 层封闭式超大市场。2008 年，完成前期准备，被西青区列为重点建设项目。2009 年，被天津市列为重点投资项目，被市商委列为十大市场建设项目之一。2 月 26 日，举行奠基仪式。12 月开工，翌年 10 月竣工。项目总投资 12 亿元，占地 10 万平方米，总建筑面积 30 万平方米。配置有国际一流的附属设备，大型屋顶停车场有 5 万平方米空间，创造双首层商业经营运作模式，可顺势引导客流购物由高往低的顺序流动。中心地处天津经济活跃区，为与周边约 1000 万平方米住宅区及梅江高端住宅区相配套的大型商业中心。为一站式家具、建材、灯具、家饰、电器专业市场，被称为“耸立天津城郊的一座地标”。

◉ 2014 年始建津兰国际商贸大厦

2014 年，开始建设津兰国际商贸大厦；同年，完成开槽、地下基础施工、地面主体施工 13 层。2015 年，完成主体封顶和部分内、外装修工程。2016 年，完成外檐石材装修和内部装修工程，具备招租条件。项目占地面积 1.6 万平方米，建筑面积 8 万平方米，分为 A、B 两座，楼高 23 层。规划设计为总部经济港和高端写字楼，其中 A 座为津兰集团大厦，建筑面积 4 万平方米；B 座为高端写字楼，建筑面积 4 万平方米；总投资 3 亿元。为天津城区著名的国际商贸大厦。

◉ 2015 年关爱英雄子女成长

2015 年 8 月 17 日，天津港“8・12”特别重大火灾爆炸事故发生后，在事故中牺牲的英雄及其子女牵动着王兰庄村民的心，津兰集团公司通过天津市妇女儿童发展基金会，捐赠“关爱英雄子女成长”专项基金 100 万元。该基金用于专门救助在“8・12”事故中遇难的英雄子女。捐赠仪式上，市妇联负责人接收善款，向津兰集团颁发“心系灾区真情奉献”荣誉证书。

花园花开满枝头

附录

王兰庄村（居）民守则

凡居住在王兰庄花园的村（居）民，无论农业户口或非农业户口，无论长期居住还是短期居住，无论原住户还是新迁户人员，都必须遵守本守则，大力弘扬“爱国诚信、务实创新、开放包容”的天津精神。

社会治安

每个村（居）民要学法、知法、守法，自觉向一切违法犯罪行为做斗争。

村（居）民之间团结互助，互相尊重，和睦相处，相互包容。不得侮辱诽谤他人，不得造谣惑众，拨弄是非。

村（居）民要爱护公共财产和村内各项公益设施，不准在居民区私搭乱建、堆放杂物，不得以任何理由妨碍居民区内交通秩序，不得干扰其他村（居）民的正常生活。

居住在小区内的村（居）民不得无证养犬，不得饲养大型犬类。犬类不得随意在公共场所大小便，外出遛狗必须由主人索带。发现宠物伤人的情况，由其主人承担一切责任。

村（居）民要遵守社会公德，不得调戏妇女，不非法侵入民宅，不准毁弃、私拆他人邮件，不发黄色及恐吓性短信，不吸毒，不贩毒，远离毒品。

村风民俗

加强精神文明建设，移风易俗，反对封建迷信，告别不文明行为，形成良好社会风貌。

喜事新办，提倡举行集体婚礼和旅游结婚，不铺张浪费，反对大操大办。办理丧事要从简，提倡厚养薄葬。不准设宴，不穿重孝，只穿“三点白”（白鞋，白幅，白腰带），尸体必须火化，并存入骨灰堂，或火化后埋葬（指个人购买墓地）。提倡丧事戴青纱白花来寄托哀思。严禁借办丧事敛财，不准搞封建迷信活动。经劝阻不听的，取消村委会给予的火化补助费，并停发所有直系亲属一个月的生活补助费。

破除封建迷信，解放思想。不装神弄鬼，不算卦不算命，不悬挂带有封建迷信色彩的图像。不听、不看、不传淫秽书刊录像，坚决抵制各种邪教。反对以家族势力干扰、影响集体事业的发展和村委会正常工作。

邻里关系

村（居）民之间要互相尊重，相互帮助，和睦相处，建立良好的邻里关系，形成互敬互爱的良好风气。

村（居）民在经营、生活和社会交往中，应遵循平等自愿、互利的原则，顾全大局，发扬风格，不要斤斤计较，更不能仗势（权势、家庭势力和黑势力）欺人。

邻里之间或村民之间发生纠纷，应依靠村调解组织解决，或依靠法律解决，绝不能聚众闹事，打架斗殴。

家庭关系

每个家庭都要遵循男女平等，一夫一妻，尊老爱幼的原则，建立团结和睦，相互包容的新型家庭关系。

婚姻大事要由本人做主，反对父母干涉、包办儿女婚姻，反对儿女干涉丧偶父母再婚再嫁的权利。

夫妻家庭地位平等，反对男尊女卑，反对家庭暴力，夫妻共同承担家务劳动和子女教育，共同管理家庭财产。

对丧失劳动能力无固定收入的老人，其子女必须尽赡养业务。老人生病就医、日常生活费由子女承担。

未成年子女的父母有抚养和教育子女的义务，尤其是对残疾子女应尽照顾和抚养的义务，不得歧视，更不能遗弃。

子女要给老人亲情，对单独居住的父母，儿女应经常看望，每月至少与老人吃一顿饭。对生活不能自理的父母，子女要轮流进行护理，或给父母请保姆，其费用由子女负担。

人都有双重父母，儿媳要孝敬公婆，姑爷同样应孝敬岳父母。

对父母的遗产，男女有平等的继承权，父母有权以遗嘱方式处理生前所有财产。

尊重知识，科学培养教育子女，保证九年义务教育，一律不准学生中途辍学，不能弃学从业。

房屋出租人的责任

房屋出租应符合有关法律法规和村规民约，不得损害社会公共利益和他人利益。

严禁业主将房屋出租给用于生产、储存和经营易燃、易爆、有毒和其他危害人们身体的物品的承租人。

严禁业主将房屋出租给开设非法诊所和行医的承租人。

未经村委会同意，业主不得将房屋出租给用于开设工厂、作坊、商店、饭店等承租人。

业主有义务告知承租人不得在承租房屋内进行制作假冒伪劣商品、赌博、卖淫、嫖娼、销赃、窝赃、吸毒、贩毒等违法犯罪活动，并将该内容写在房屋租赁合同内，如发现上述行为，应及时向村委会或公安机关举报。

严禁将私房出租给无身份证，无合法证件，无正当职业的“三无”人员居住。

出租房屋的业主，应向承租人告知承租人的责任。

出租房屋的业主应到当地公安机关登记注册，并办理出租私房的相关手续。

房屋承租人的责任

房屋承租人必须持有本人居民身份证、暂住证、计划生育等合法身份证件。

按合同规定的用途，合理使用所承租的房屋，不得擅自拆改。

未经出租人同意，不得将承租的房屋转租或转借他人使用，或改变使用性质。

安全使用承租房屋，承租人发现承租的房屋有安全隐患，应当及时告知出租人予以消除。

遵守有关计划生育的规定，凡有生育能力的妇女应按王兰庄计生办规定按时参加孕检。

承租的房屋不准用于生产、储存、经营易燃、易爆、有毒等危险物品；不准在承租房内进行卖淫、嫖娼和赌博、吸毒、窝赃等违法犯罪活动。

自觉维护王兰庄花园小区公共卫生

居住在本小区的村（居）民，应增强公共卫生意识，消除危害健康因素，预防疾病，改善环境质量和生活质量，提高全民健康水平。

村（居）民及房屋承租人应当搞好室内卫生，保持和维护公共楼梯走廊的环境卫生，按指定的地点方式倾倒垃圾，房屋所有权人应当督促房屋承租人，搞好有关卫生工作，遵守公共卫生制度。

村（居）民应当自觉维护公共卫生，遵守下列社会卫生规范：

不随地吐痰、便溺。

不乱扔乱倒垃圾污物。

不在禁止吸烟的公共场所吸烟。

不从事其他有碍社会卫生的活动。

在村委会组织下开展，杀灭老鼠，苍蝇，蚊子蟑螂等病媒生物的活动。

共建美丽、清洁王兰庄花园人人有责。

树立人人讲卫生，爱清洁，以讲卫生为荣，不讲卫生为耻的社会风尚。

村内事情大家办，实现优美、整洁、舒适的良好小区环境。

文明礼貌，遵守公德，行为规范，不说脏话，不做有损卫生健康之事。

树立集体主义思想，关心和爱护集体公物，积极参加绿化、美化工程。

搞好个人卫生，养成良好的卫生习惯。做到勤洗澡，勤洗衣，勤理发，勤剪指甲，积极宣传贯彻以预防为主的方针。

维护小区整体形象，不准乱堆乱放，保持道路整洁畅通。

◉ 主要参考文献

1. 天津市西青区地方志编修委员会编：《西青区志》，天津社会科学院出版社，2003年。

2. 天津市南开区地方志编修委员会编：《南开区志》，天津社会科学院出版社，1998年。

3. 天津市西青区李七庄乡地方志编修委员会编：《李七庄乡志》，天津社会科学院出版社，2000年。

4. 韩嘉谷：《天津古史寻驿》，天津古籍出版社，2006年。

5. 天津市地方志办公室编：《天津区县年鉴（2016）》，天津社会科学院出版社，2016年。

◉ 编纂始末

2017 年，为贯彻习近平总书记、李克强总理关于地方志编修的重要指示、批示精神，按照党中央、国务院提出的推动“物的新农村”和“人的新农村”建设齐头并进的要求，为全面、客观、系统记述社会主义新农村建设中取得的巨大成就，反映村落文化和农民生活，给探索新农村建设的发展经验、发展模式、前进道路提供历史智慧和现实借鉴，王兰庄两委会决定编纂一部完整村志，留下历史资料，以鉴古明今，作为启迪后人的教材。中国地方志指导小组办公室（以下简称中指办）《中国名村志文化工程实施方案》下发后，两委会经过认真研究，决定创造条件，申报名村志，写出一部合格的名村志，完整记述建村六百多年来的历史和现状，特别要按照名村志的要求，记述好近二十多年经济建设历程、成就和村庄的巨大变化，作为向世人推介王兰庄的一本村情资料书。村中组成由主要领导参加的村志编修委员会，确定专人具体负责，聘请数名有修志经验的人员组成修志班底，开始编修村志。

在天津市地方志办公室区县处（以下简称市志办区县处）和西青区档案局的指导和帮助下，《王兰庄村志》篇目上报后得以顺利通过，进入天津市首批“中国名村志文化工程”名单。

2017 年 3 月，村志编修正式启动。经过几个月的努力，编修人员在充分利用村档案室档案的基础上，反复和村中老人座谈，对村干部进行访谈，查找《西青区志》《李七庄乡志》《西青区统计年鉴》等地方志鉴书籍，搜集到大量资料，经过精心筛选加工，整理出资料长编，进行初稿编写，至 6 月完成初稿。初稿经村志领导小组初审后，报请市志办区县处复审，继而向中国地方志指导小组办公室主管处室报审。在吸收各方意见后，于 7 月底完成修改稿，经中指办专家复核，报审稿符合名村志出版标准，《王兰庄村志》顺利付梓出版，成为建村以来最重要的文化成果之一。

《王兰庄村志》编修依据《中国名村志丛书编纂规范》，在基本记述基础上，突出村中的“名”与“特”，对特殊事物进行特殊处置。

在编写过程中，得到西青区、李七庄街领导的关注和指导，得到上级部门和有关人员的有力支持，还得到村中热心人士提供材料和多方帮助，在此一并表示诚挚的感谢。

由于编者水平有限，书中错误和遗漏之处难免，敬请批评指正。

因本书中所选照片及诗词文章众多，部分作品未能在出版前及时联系到著作权人，请著作权人看到后与我们联系，我们将奉上稿酬。

编　者

2017 年 10 月